2021
SEGUNDA
EDIÇÃO

365 DIAS DE MOTIVAÇÃO CONCURSEIRA

Gabriela Knoblauch

EDITORA FOCO

2021 © Editora Foco

Autora: Gabriela Knoblauch
Editor: Roberta Densa
Diretor Acadêmico: Leonardo Pereira
Revisora Sênior: Georgia Renata Dias
Capa: Leonardo Hermano
Projeto Gráfico e Diagramação: Ladislau Lima
Impressão miolo e capa: GRAFNORTE

Dados Internacionais de Catalogação na Publicação (CIP)
(Câmara Brasileira do Livro, SP, Brasil)

K72t
Knoblauch, Gabriela
365 dias de motivação concurseira / Gabriela Knoblauch. - 2. ed. - Indaiatuba, SP : Editora Foco, 2021.

160p. : il. ; 14cm x 21cm.

Inclui bibliografia e índice.

ISBN: 978-65-5515-279-1

1. Motivação. 2. Concurso público. 3. Metodologia de estudos. I. Título.

2021-1315 CDD 001.4 CDU 001.8

Elaborado por Odilio Hilario Moreira Junior - CRB-8/9949

Índices para Catálogo Sistemático:

1. Metodologia de estudo 001.4 2. Metodologia de estudo 001.8

NOTAS DA EDITORA:

Atualizações do Conteúdo: A presente obra é vendida como está, atualizada até a data do seu fechamento, informação que consta na página II do livro. Havendo a publicação de legislação de suma relevância, a editora, de forma discricionária, se empenhará em disponibilizar atualização futura. Os comentários das questões são de responsabilidade dos autores.

Erratas: A Editora se compromete a disponibilizar no site www.editorafoco.com.br, na seção Atualizações, eventuais erratas por razões de erros técnicos ou de conteúdo. Solicitamos, outrossim, que o leitor faça a gentileza de colaborar com a perfeição da obra, comunicando eventual erro encontrado por meio de mensagem para contato@editorafoco.com.br. O acesso será disponibilizado durante a vigência da edição da obra.

Impresso no Brasil (04.2021) • Data de Fechamento (04.2021)

2021

Editora Foco Jurídico Ltda.
Avenida Itororó, 348 – Sala 05 – Cidade Nova
CEP 13334-050 – Indaiatuba – SP
E-mail: contato@editorafoco.com.br
www.editorafoco.com.br

Sumário

☘ Início da Jornada...

O que proponho nessa obra não é pouco. **Juntos**, vamos fazer uma verdadeira REVOLUÇÃO EMOCIONAL em você. Um dia de cada vez. Reparou que EU não vou fazer revolução alguma em VOCÊ? Nós faremos isso JUNTOS. Eu não tenho a capacidade de mudar você. Eu só posso clarear algumas coisas para que mude a si mesmo. O poder está nas suas mãos.

Reuni neste livro três tipos de fontes inspiradoras para acender a motivação dentro de você:

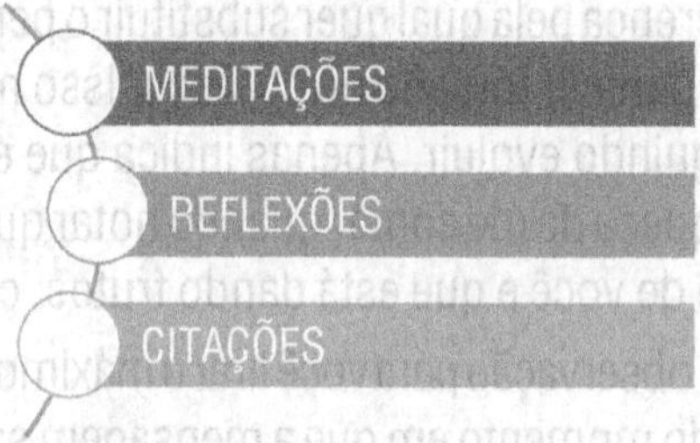

Todo dia primeiro de cada mês você vai encontrar uma poderosa meditação que deve ser repetida durante 30 dias. Cada mês temos um tema importante para o trabalho emocional que pretendemos empreender.

Depois, em cada dia do mês, você encontrará uma reflexão de minha autoria, além das citações de pessoas de sucesso que vão te fazer pensar. A reflexão é crucial para você mudar sua visão do processo de preparação para concursos e de todas as emoções que ele envolve. Se você chegou até esse livro, certamente já tem a consciência de que suas emoções são tão importantes para a vitória quanto o estudo em si. Nada te motiva ou desmotiva mais do que sentimentos.

Já aviso que uma postura passiva diante desse livro não vai gerar os resultados que você espera e tanto precisa. Uma REVOLUÇÃO EMOCIONAL não vai acontecer sem trabalho duro da sua parte, ok? Não vai. Eu te garanto. Por isso, depois de cada reflexão e citação é fundamental que pense, absorva, internalize e aplique o ensinamento. Por vezes, terá a sensação de que está fingindo uma crença ou comportamento que não reflete seu real sentimento. Não faz mal. Entenda que está PRATICANDO um novo modo de pensar e viver. A naturalidade e automaticidade da nova mentalidade virão com o tempo. Não há atalhos. Apenas trabalho duro.

O pensamento negativo chegou subitamente? Isso vai acontecer. Deixe-o ir, sem raiva e sem culpa. De modo consciente, repita mentalmente a crença pela qual quer substituir o pensamento intrusivo. Repito: vai parecer forçado no começo. Isso não significa que não está conseguindo evoluir. Apenas indica que é preciso treinar mais. Não se esqueça de me contar quando notar que a mentalidade nova já faz parte de você e que está dando frutos, combinado?

Uma última observação para você tirar o máximo de proveito desse livro: a partir do momento em que a mensagem sai dessa simples emissora que vos fala, ela assume um colorido diferente na mente e no coração de cada leitor. Perceba, portanto, que o que iniciamos aqui é um diálogo, não um monólogo. Você, caro leitor, é também – de certa forma – emissor. Com seus filtros, crenças e características, dará seu tom a cada mensagem. Você é cocriador dessa nossa jornada. Por isso, não tome nada do que lerá aqui como verdade absoluta. Assumir essa postura passiva apenas te colocará para sempre na posição de receptor, coadjuvante de sua própria história. Vítima da circunstâncias. Sem poder. E você tem MUITO poder. Todo o poder de que precisa para tornar sua vida incrível. Encare cada reflexão, cada citação, cada meditação, como SUGESTÃO. Uma outra visão. Um novo ponto de vista. Para VOCÊ e apenas VOCÊ decidir o que serve melhor aos seus propósitos e aos chamados do seu coração.

Prática meditativa:
uma breve introdução

Você toma banho e não lembra se passou o xampu. Chega em casa, não lembra do trajeto. Estaciona o carro e sente um frio na barriga quando você pensa "como cheguei aqui???". Lê páginas do seu material de estudo e parece que você nem estava ali. Precisa então recomeçar a leitura. Várias e várias vezes.

Esse cenário te representa?

Então seu cérebro precisa de TREINO para não divagar tanto. Precisa se acostumar a ficar focado no momento presente.

MINDFULNESS é um treino para te colocar em ATENÇÃO PLENA, em um estado de foco total no que está acontecendo naquele instante.

Esse tipo de meditação existe há cerca de 2500 anos! Contudo, passou a ser estudada no Ocidente há apenas algumas poucas décadas.

Treine o dia todo sua capacidade de ter atenção plena no momento presente.

Está comendo? Preste atenção ao alimento, cor, textura, sabor. Não coma de olho na televisão ou no celular. Está conversando com alguém? Realmente ouça a pessoa! Nada de falar com o Fulano na sua frente enquanto digita mensagem para Beltrano no WhatsApp. Note que o mundo nos incentiva a ser MULTITAREFA. CUIDADO! Esse é só um nome bonito para desconcentrado, afobado e ANSIOSO.

Está fazendo um exercício físico? Observe atentamente sua respiração, como ela varia conforme o exercício, quais músculos se esticam, onde sente dor, onde a sensação é de relaxamento. Perceba o calor tomando conta do corpo, do rosto. Atenção ao que acontece em você!

PRATICANDO A ATENÇÃO PLENA EM TODOS OS MOMENTOS DO SEU DIA, NOTARÁ RESULTADOS MAIS RÁPIDO.

Ao final de cada meditação, coloquei para você um Sankalpa. **Sankalpa significa "construção mental", "resolução interior", "propósito", "objetivo", "mentalização".**

Trata-se de uma frase curta, positiva e sempre no tempo presente (ex: não fale "eu serei feliz" e sim "eu sou feliz").

Ela vai te ajudar a se manter focado no seu objetivo emocional central. É como um resumo da meditação mais extensa. É bastante útil para fazer ao longo do dia (várias vezes) quando você não tem tempo para fazer a meditação mais longa ou não tem o texto por perto.

É assim que a gente transforma a mente! TREINANDO! Repetição é a chave da evolução!

Como usar as meditações

PASSO 1 – Coloque uma música instrumental e suave. Procure no Youtube "músicas para meditar", "tigelas tibetanas" (sério mesmo...rs), "música celta" e similares.

PASSO 2 – Fique o mais longe possível de barulhos. Escolha um local com luz suave. Crie um ambiente acolhedor e relaxante. Esse momento é SEU! Um encontro com seu Eu Interior. Um momento de autocuidado. Faça disso um ritual DIÁRIO de relaxamento.

PASSO 3 – Coloque uma grande toalha ou uma almofada no chão e sente-se confortavelmente com as pernas cruzadas. A posição mais conhecida é a de lótus (foto abaixo). Você deve colocar os pés sobre as coxas. Se não conseguir, faça a posição de meio lótus (que é – basicamente – cruzar as pernas normalmente e colocar só um pé sobre a coxa). Essa posição clássica abre os quadris e alonga pés e tornozelos.

freepik.com

Coloque as mãos sobre os joelhos, palmas para cima. Una indicador e polegar.

Ela é chamada de posição de lótus por ser parecida com a flor. A flor de lótus é um símbolo da meditação e Yoga. Concurseiro querido, ela floresce NA LAMA. Qualquer semelhança não é mera coincidência!

PASSO 4 – Inspire devagar contando mentalmente até 4. Prenda a respiração por 4 segundos. Solte o ar pela boca contando mentalmente até 4. Se conseguir soltar o ar contando até 8, melhor ainda!

PASSO 5 – Comece a observar cuidadosamente cada parte do seu corpo. Comece pelos pés. Eles doem? Mova-os lentamente. Note-os. Vá subindo pelas pernas fazendo o mesmo procedimento de atenção e leve movimento. Continue até chegar à cabeça. É provável que mesmo relaxando durante o processo, note dores das quais nem havia se dado conta.

PASSO 6 – Varredura nas demais dimensões do seu Eu. Saiba que você tem 4 dimensões:

1) Física

2) Mental

3) Emowcional

4) Espiritual

Já fizemos no PASSO 5 uma "varredura" pelo seu corpo físico. Agora observe seus pensamentos. O que está em sua mente? Assuma uma postura observadora, distanciada, não envolvida. Observe cada pensamento e deixe-os ir. Eles passam como uma brisa na sua mente. Chegam e se vão.

Vá, aos poucos, equilibrando sua dimensão mental, tornando-se menos reativo aos pensamentos que surgem. Sem afobação. Sem desespero. Sem envolvimento. Sem julgamento. Lembre-se:

da mesma forma que chegam, eles se vão. Não se prenda a eles. Apenas observe.

PASSO 7 – Como está o seu emocional? Como estão seus sentimentos? Claros e tranquilos? Escuros e turbulentos? Misturados e confusos? Não tente resolver nada, mudar nada. Você agora é um MERO OBSERVADOR.

Perceba cada emoção, cada dor e cada alegria. Você pode notar um sentimento que nem estava percebendo que tinha, mas que estava guiando seus passos e influenciando em suas ações.

O objetivo aqui é TORNAR-SE CONSCIENTE. NÃO É MUDAR NADA. Essa é outra etapa.

PASSO 8 – Como está seu espírito? Sente-se conectado ao mundo, às pessoas, à natureza, ao divino? Pelo que que sua alma anseia?

Não crie planos para atingir determinado patamar espiritual. Apenas tome consciência do estado em que seu espírito está. Do que ele está cheio? Do que ele sente falta? OBSERVE.

PASSO 9 – Abra os olhos e leia lentamente a meditação escolhida neste livro. Internalize cada palavra. Reflita. Sinta. Feche os olhos. Repita o sankalpa da sua meditação quantas vezes sentir necessidade.

Pratique sempre!

A sensação será cada vez melhor!

Hora do diagnóstico

Antes de começarmos nossa jornada, eu quero te entregar uma ferramenta muito importante de autoconhecimento: saber diagnosticar corretamente qual comportamento você quer mudar.

Sim! Eu atendo muitos alunos que chegam até mim extremamente frustrados consigo mesmos por tentarem mudar comportamentos nocivos há anos sem sucesso. Eles acabam concluindo que não possuem força de vontade para mudar. Sentem-se, por isso, decepcionados, tristes e sem esperança. Entretanto, depois de um atendimento aprofundado, noto que é bem comum o erro de diagnóstico. O aluno acha que tem um problema, mas na verdade tem outro. Por essa razão, não consegue mudar o que precisa para gerar os resultados que sonha.

Para facilitar a compreensão e tornar nosso trabalho aqui mais dinâmico, vamos fazer uma atividade. Marque abaixo quais características você tem e que gostaria de mudar:

☐ Ansiedade

☐ Medo de não passar

☐ Procrastinação

☐ Preguiça

☐ Falta de memória

☐ Dificuldade de concentração

☐ Falta de foco

☐ Dificuldade de concluir os projetos que inicia

☐ Falta de constância

☐ Lentidão

☐ Pouca inteligência

☐ Indisciplina

Pois bem, agora vamos quebrar alguns padrões! Tudo o que citei acima são SINTOMAS e não as CAUSAS de quaisquer problemas que você venha a ter. Sim. **Seja lá o que você marcou ali em cima, posso apostar que seu problema é outro.**

Está pronto para se aprofundar em quem você é? Quero que você, mais uma vez, marque os quadrinhos com as características que podem ser seu caso. Assim, com clareza sobre o que de fato precisa mudar, o restante do livro será muito melhor aproveitado.

☐ Fixação de metas irreais de velocidade de avanço nas matérias. Os parâmetros de "estudo eficiente" e de "resultados satisfatórios" foram criados na sua mente por um mix de depoimentos de pessoas cuja realidade você desconhece por completo (tudo a que você teve acesso foram a informações de internet).

☐ Fixação de datas ou idades em que você precisa alcançar determinado feito. Essa data passou e agora você sente que "não adianta mais... já fracassei na vida".

☐ Crença de que seu valor como pessoa depende do seu sucesso profissional.

☐ Entendimento de sucesso profissional como aprovação em um concurso X, sem admissão de que há muitas formas de se obter sucesso profissional.

☐ Dificuldade de dizer NÃO para as outras pessoas e uma facilidade imensa de dizer NÃO para seus sonhos, desejos, planos e prioridades. Medo de não ser amado, de ser punido de alguma forma ou excluído de um grupo ou relação caso diga NÃO.

- ☐ Sensação de dívida com as pessoas.
- ☐ Sensação de que as pessoas só vão te amar se você for "bonzinho" ou "boazinha", estiver sempre disponível e nunca se destacar.
- ☐ Medo de que algo ruim aconteça a alguém amado porque você não se dedicou tanto a essa pessoa em razão do estudo (medo de uma "punição divina").
- ☐ Profundo medo de se destacar, mudar e ter sucesso em razão da possível reação adversa das pessoas (medo de parecer arrogante, medo de magoar quem "ficou para trás", medo de chamar a atenção, medo de perder relacionamentos por apresentar conduta disruptiva).
- ☐ Crença de que é preciso sofrer muito para avançar na vida.
- ☐ Baixa autoestima
- ☐ Associação de estudo à ambição extrema.
- ☐ Associação do estudo ao egoísmo.
- ☐ Associação do estudo à arrogância.
- ☐ Medo do desconhecido, mesmo que esse desconhecido seja bem melhor do que sua realidade atual.
- ☐ Ideia de que não é merecedor das coisas boas da vida.
- ☐ Não aceitação do preço da aprovação e crença mágica de que você será aquele caso que passou na sorte.
- ☐ Falta de método de estudo consistente e claro, com um sistema de revisões cadenciadas.

- ☐ Falta de informação sobre o universo dos concursos.
- ☐ Medo de ser adulto.
- ☐ Medo de perder relações.
- ☐ Associação de sucesso e independência à solidão.
- ☐ Crença de que não se pode ter tudo. Assim, se você tiver sucesso profissional, terá algum tipo de perda no amor, na família ou em qualquer outro campo da vida.
- ☐ Visão polarizada da vida e dificuldade de enxergar que tudo é uma gradação, um espectro, uma zona cinza (por exemplo, enxerga só os polos "fracasso" e "sucesso" sem perceber que todo o tempo transitamos entre um e outro em diferentes graus e momentos).
- ☐ Vergonha (de si mesmo e de terceiros) de tentar com todo o empenho e falhar.
- ☐ Medo dos comentários de terceiros. Necessidade de validação e aprovação.
- ☐ Medo de se decepcionar e não se recuperar do baque.
- ☐ Medo de descobrir-se insuficiente ou "trouxa" ao dar tudo de si.
- ☐ Falta de vontade de ser servidor público. Desejo de seguir outro rumo na vida, mas não o faz por causa da estabilidade que o serviço público oferece ou para agradar algum familiar ou pessoa querida.

Tomou um susto? Pois bem. AGORA você está pronto para começar seu processo de CURA E MUDANÇA. Vamos lá?

Janeiro

01 de janeiro

Vamos iniciar o ano com a meditação ho´oponopono.

Ela é bastante forte. Trata-se de um método milenar havaiano de cura e libertação de memória negativas. A versão tradicional do ho'oponopono é composta por quatro frases principais:

sinto muito

perdoe-me

eu te amo

sou grato

Veja a meditação completa:

Divino Criador, Pai, Mãe, filho – todos em um.

Se eu, minha família, os meus parentes e antepassados ofendemos Sua família, parentes e antepassados em pensamentos, fatos ou ações, desde o início de nossa criação até o presente, nos pedimos o Seu perdão. Deixe que isto se limpe, purifique, libere e corte todas as memórias, bloqueios, energias e vibrações negativas. Transmute essas energias indesejáveis em pura LUZ. E assim é.

Para limpar o meu subconsciente de toda a carga emocional armazenada nele, digo uma e outra vez durante o meu dia as palavras-chave do Ho'oponopono.

EU SINTO MUITO, PERDOE-ME, EU TE AMO, SOU GRATO.

Declaro-me em paz com todas as pessoas da Terra e com quem tenho dívidas pendentes. Por esse instante e em seu tempo, por tudo o que não me agrada de minha vida presente.

EU SINTO MUITO, PERDOE-ME, EU TE AMO, SOU GRATO.

Eu libero todos aqueles de quem eu acredito estar recebendo danos e maus-tratos, porque simplesmente me devolvem o que eu fiz a eles antes, em alguma vida passada.

EU SINTO MUITO, PERDOE-ME, EU TE AMO, SOU GRATO.

Ainda que me seja difícil perdoar alguém, sou eu quem pede perdão a esse alguém agora, por este instante, em todo o tempo, por tudo o que não me agrada em minha vida presente.

EU SINTO MUITO, PERDOE-ME, EU TE AMO, SOU GRATO.

Por este espaço sagrado que habito dia a dia e com o qual não me sinto confortável.

EU SINTO MUITO, PERDOE-ME, EU TE AMO, SOU GRATO.

Pelas difíceis relações das quais guardo somente lembranças ruins.

EU SINTO MUITO, PERDOE-ME, EU TE AMO, SOU GRATO

Por tudo o que não me agrada na minha vida presente, na minha vida passada, no meu trabalho e o que está ao meu redor, Divindade, limpa em mim o que está contribuindo com minha escassez.

EU SINTO MUITO, PERDOE-ME, EU TE AMO, SOU GRATO.

Se meu corpo físico experimenta ansiedade, preocupação, culpa, medo, tristeza, dor, pronuncio e penso: Minhas memórias, eu te amo! Estou agradecido pela oportunidade de libertar vocês e a mim.

EU SINTO MUITO, PERDOE-ME, EU TE AMO, SOU GRATO.

Neste momento, afirmo que TE AMO. Penso na minha saúde emocional e na de todos os meus seres amados... TE AMO.

Para minhas necessidades e para aprender a esperar sem ansiedade, sem medo, reconheço as minhas memórias aqui neste momento. SINTO MUITO, TE AMO.

Minha contribuição para a cura da Terra:

Amada Mãe Terra, que é quem Eu Sou... Se eu, a minha família, os meus parentes e antepassados te maltratamos com pensamentos, palavras, fatos e ações desde o início de nossa criação até o presente, eu peço o Teu perdão deixa que isso se limpe e purifique, libere e corte todas as memórias, bloqueios, energias e vibrações negativas, transmute estas energias indesejáveis em pura LUZ e assim é.

Para concluir, digo que esta oração é minha porta, minha contribuição, à tua saúde emocional, que é a mesma minha, então, esteja bem. E na medida em que você vai se curando eu te digo que...

Eu sinto muito pelas memórias de dor que compartilho com você. Peço-lhe perdão por unir meu caminho ao seu para a cura.

Agradeço-lhe por estar aqui para mim...

E TE AMO por ser quem você é.

sankalpa: Eu sinto muito. Eu te amo. Perdoe-me. Sou grato.

02 de janeiro

Acorde e FAÇA! Com tempo. Sem tempo. Com medo. Sem medo.

Perto do ideal. Longe do ideal. Concentrado. Meio desconcentrado.

Com facilidade. Com dificuldade. Triste. Feliz. Motivado. Desmotivado. Tem que fazer? FAÇA!

03 de janeiro

As portas não estão abrindo numa boa?

ARROMBE! Você tem a OBRIGAÇÃO de dar seus pulos. Sentar em frente à porta e chorar não vai abri-la magicamente!

04 de janeiro

Tem vergonha do que os outros vão pensar porque "só" estuda? Tem vergonha das reprovações? Ninguém liga. Está todo mundo preocupado com a própria vida! Liberte-se!

05 de janeiro

DAR ERRADO. Está aí uma coisa que você nem deveria considerar a hipótese! Não prepare sua mente para o fracasso criando cenários ruins. O que esse "treino" vai te trazer de bom? NADA! Se tudo desmoronar, chore, lave o rosto e continue!

06 de janeiro

FEITO é melhor do que PERFEITO!

Só deu para estudar 40 minutos hoje? Ótimo!

Bem melhor do que zero minutos!

Não deixe de estudar por não poder fazer tudo conforme o planejado. Faça e os fragmentos de estudo se juntarão em um incrível efeito cumulativo.

07 de janeiro

Você está pronto o suficiente para qualquer desafio.

Você está aqui apenas para aparar arestas. Corra riscos calculados.

100% pronto e acabado você só estará no seu último dia de vida.

Até lá, MÃOS À OBRA!

08 de janeiro

Só uma pessoa tem a obrigação de te ajudar: VOCÊ!

Faça algo para facilitar sua vida e chegar mais perto dos seus sonhos HOJE! NINGUÉM ESTÁ VINDO TE SALVAR!

09 de janeiro

Você tem valor como PESSOA. Sempre.

Não importa o que você fez ou deixou de fazer. Quais erros cometeu. Esse valor NUNCA DESAPARECE e NUNCA PRECISA SER PROVADO.

10 de janeiro

Enquanto você não parar a caminhada, não existe fracasso.

SÓ EXISTE ETAPA.

Sucesso e fracasso são resultados finais!

11 de janeiro

"Não dá para ter tudo".

Não vá acreditando em toda e qualquer "pérola" da sabedoria popular.

Você pode ter o que quiser e trabalhar para ter. Não existe um "limite cósmico" que crie qualquer impedimento para que você só possa realizar uma parte dos seus sonhos.

12 de janeiro

Quanto do que você fala para si e para os outros é motivado pela sua baixa autoestima? Por medo? Por inveja? Mude o diálogo e veja TUDO mudar automaticamente.

13 de janeiro

Desistir do ESFORÇO é desistir do RESULTADO!

14 de janeiro

Você não se torna o que quer. Torna-se o que acredita ser!

15 de janeiro

Há apenas uma maneira de evitar a crítica: não fazer nada, não dizer nada e não ser nada.

Aristóteles, filósofo grego.

16 de janeiro

Quais sentimentos você ESCOLHE viver hoje? Não pensou nisso? CUIDADO! As pessoas e as circunstâncias vão escolher por você.

17 de janeiro

Crie REALIDADE através da POSSIBILIDADE. Possibilidade é uma das matérias-primas para construção da sua vida dos sonhos.

18 de janeiro

Tenha CONFIANÇA na sua capacidade de superar decepções.

Só assim conseguirá arriscar. Sem risco, sem ganho!

19 de janeiro

Se você não falta ao trabalho, mas fura o cronograma de estudos, está trabalhando mais pelos sonhos dos outros do que pelos seus.

Isso te parece uma boa decisão?

20 de janeiro

Se você consegue caminhar em dias difíceis, consegue caminhar sempre. Dias difíceis são ÓTIMOS para construir força, coragem e resiliência.

21 de janeiro

O perfeccionista não é perfeito. Ninguém é!

Ele é a expressão do MEDO DA IMPERFEIÇÃO!

Desapegue-se dessa característica.

22 de janeiro

Sofrimento não cai no concurso.

Se quiser, pode deixar esse fardo no cantinho e seguir sem ele. Garanto que não fará falta e você poderá andar mais rápido! Quem sabe poderá correr!

23 de janeiro

Faça o que funciona para você. Isso não é necessariamente igual ao que você gosta.

24 de janeiro

O que somos é consequência do que pensamos.

Buda

25 de janeiro

Você tem alguma alternativa? Não?

Então desistir não é uma opção, não é mesmo?

26 de janeiro

Capital emocional = foco, tempo e emoções. Todo mundo tem.

Se não sabe como está aplicando, provavelmente está desperdiçando

Planeje a alocação dos seus recursos. Mantra para a vida: quanto mais escasso o recurso, melhor deve ser sua alocação!

27 de janeiro

Você pode ter a melhor desculpa do mundo. Aquela pela qual ninguém vai te julgar. Mas ela não vai mudar as regras do jogo. Não vai afrouxar as exigências. Reprovado de consciência tranquila ainda é reprovado.

28 de janeiro

Seja seu próprio herói! Ninguém vai chegar em um cavalo branco e te salvar.

Maravilha! Assim não tem que esperar por ninguém!

Salve-se imediatamente.

29 de janeiro

Perfeição é DELÍRIO do ego. Desapegue de metas impossíveis para alcançar mais rápido as que interessam: as metas possíveis!

30 de janeiro

Estudar sem compromisso é um jeito covarde de desistir.

31 de janeiro

Não há maior agonia do que ter uma história não contada dentro de você.

Maya Angelou, escritora e ativista norte-americana.

Fevereiro

01 de fevereiro

O ar que entra pelas minhas narinas traz renovação.

Percorre cada parte do meu corpo, expulsando as energias de dor, medo e cansaço.

Elas são resquícios de ensinamentos.

Não preciso desses resquícios.

Cada percalço já cumpriu seu papel.

Assim como solto o ar, solto também as amarras de velhos padrões.

Liberto meu espírito das chagas da autossabotagem.

Deixo ir tudo o que não me pertence e não me serve.

Liberto-me de cada crença que me limita.

Nada temo.

Sei que sou capaz de me renovar a cada respiração.

Tudo flui e tudo muda.

Abraço o novo sem receios.

Confio no universo e na minha caminhada.

O ar novo preenche meu ser de tranquilidade, alegria, saúde e fé.

Deixo o velho para o novo se manifestar em minha vida.

Contemplo a cada manhã as páginas em branco e as recebo com gratidão e bom ânimo.

sanklapa: recebo o novo.

02 de fevereiro

Quem tem GARRA, tem tudo. Pode faltar grana, tempo, apoio... Pode falta qualquer recurso. Só não pode faltar garra. Essa palavra mágica preenche qualquer lacuna.

03 de fevereiro

Não dá para ter outra vida sendo o mesmo você.

04 de fevereiro

Nada vale sua saúde mental. Nem o concurso.

Você não é doido, nem fraco. Só está sob pressão há muito tempo. Cuide-se e você ficará bem! Mais importante do que o cronograma em dia é sua saúde em dia.

05 de fevereiro

Disciplina é o amor próprio colocado em prática.

06 de fevereiro

Lembrar que você vai morrer é a melhor maneira que eu conheço de evitar a armadilha de pensar que você tem algo a perder. Você já está nu. Não há razão que o impeça de seguir seus sonhos.
Steve Jobs, criador da Apple.

07 de fevereiro

Quem apoia o concurseiro também tem sua carga de *stress*. Sofre junto, perde passeios e viagens. Muitas vezes, sai só. Quem te apoia acaba vivendo suas limitações, pelo menos parcialmente. Não se esqueça de que não é porque a pessoa não está estudando que as necessidades dela são menos importantes do que as suas. Não há hierarquia entre vocês.

Aprenda a cuidar dos seus relacionamentos nessa fase de estudos que consome tanto tempo e energia. Já estive dos dois lados e digo: também não é fácil para quem apoia. Você escolheu ser concurseiro e seu cônjuge não! E ele (a) meio que entra na sua rotina, vive parte das suas limitações. Não se esqueça disso. Pense em você, mas sem deixar de pensar em quem você ama. Lembre-se: dá para ter tudo sim!

08 de fevereiro

Felicidade não é luxo! É necessidade.

Acredite: dor e desespero não são pré-requisitos para passar. Alunos felizes e equilibrados, calmos e concentrados, são os que não desistem. Os que não levam reprovação para o lado pessoal como prova irrefutável de falta de capacidade e de valor. São os que rendem na prova o que rendem em casa ou mais. Infelicidade não deve ser o preço para alcançar nenhum objetivo.

09 de fevereiro

Muitas vezes deixar de fazer o que deve (e não quer fazer) é mais estressante do que cumprir o planejamento. Cansaço some mais fácil do que estresse, culpa, arrependimento e preocupação. Costuma ser melhor cansar o corpo do que a alma!

10 de fevereiro

Quanto menos fantasias tiver sobre sua caminhada, mais leve ela será. Planos e preocupações devem sempre estar alinhados com a REALIDADE. Não dá para estudar as 24 horas do dia por mais que sua vontade de passar seja imensa.
A prova não é um monstro. O examinador não te persegue.

11 de fevereiro

Você não tem preguiça. Tem medo!
Sabe porque você não vence a preguiça e a procrastinação? Por que você está procurando a solução no lugar errado. Não dá para resolver um problema de fundo emocional sem atacar sua raiz. E procrastinação/ preguiça são os frutos, não a raiz. A raiz, muitas vezes, é o medo. Você procrastina porque tem medo de se esforçar em vão, de descobrir que o seu melhor não é suficiente. Se você tenta, estuda, se coloca a teste. Você tem medo do resultado. Se tenta mais ou menos, pode usar isso de desculpa para o resultado insatisfatório. Quem nunca ouviu "estava fácil... Se eu tivesse estudado, teria passado"?? Isso é frase de quem está com medo e quer parecer inteligente (porque não está certo de sua inteligência).
Ataque o medo e veja o problema sumir.

12 de fevereiro

Enquanto você responsabilizar os outros pelos seus problemas, estará com o controle da sua vida nas mãos de terceiros.
O problema? NINGUÉM se importa com sua vida tanto quanto você. Cruel? SIM! Verdade? COM CERTEZA! Você é sempre o principal interessado na sua vida. Quando você abre mão da responsabilidade, abre também mão do controle.

13 de fevereiro

Sabe aquela chuva de motivação que você está esperando? ELA NÃO VIRÁ. Você terá momentos, fagulhas. Mas no resto do tempo (90% do tempo), você vai caminhar por força da disciplina, da necessidade, da falta de opção melhor.

14 de fevereiro

Não perca perspectiva. Concurso é importante, mas há coisas maiores. Muito maiores mesmo. Se você conseguir manter isso em mente, nunca se sentirá destruído por uma simples reprovação.

15 de fevereiro

Ter sucesso é falhar repetidamente, mas sem perder o entusiasmo.

Winston Churchill, militar estadista e escritor britânico.

16 de fevereiro

Ficar em pânico quando seu futuro depende da aprovação e você está andando em círculos há anos, preso no estuda-esquece, é absolutamente normal. Estranho seria se você estivesse saltitante de alegria, não acha? Não seja injusto com você se apenas reage a uma situação frustrante e estressante!

Estudar não gera ansiedade. Estudar errado e não ver evolução ano após ano é que causa essa sensação horrível que você conhece bem! Não tente mudar o sentimento. Mude seu método de estudo.

17 de fevereiro

Todo mundo morre de medo de se esforçar sem retorno. Isso não é um problema. A questão é tornar-se consciente de que esse temor afeta suas decisões (e suas horas de estudo).

18 de fevereiro

Você já ouviu muitas vezes e internalizou que a vida é dura, que nada cai do céu, que não dá para ganhar sempre, que sucesso sem sacrifício hercúleo não existe e que a vida é cheia de percalços e decepções.

Sentiu um peso ao ler isso? Verdadeira ou não, essa crença é uma âncora que cansa, oprime e desencoraja. Você só tem a ganhar enxergando a vida como um caminho cheio de surpresas e aprendizados que te trazem sucesso e felicidade.

19 de fevereiro

Você não vai morrer de desgosto caso reprove. Você é mais resistente do que pensa. Prove a si mesmo que é – de fato – forte vivendo a experiência que tanto teme e saindo dela VIVINHO DA SILVA.

20 de fevereiro

Livre-se dos bajuladores. Mantenha perto de você pessoas que te avisem quando você erra.

Barack Obama, ex-presidente do EUA.

21 de fevereiro

Inspiração é externa. Motivação é interna. Você se inspira nos outros para motivar a si mesmo. A responsabilidade no processo é toda sua.

22 de fevereiro

Quem confunde inspiração com motivação transfere a responsabilidade da sua caminhada para o outro e cria dependência dos "empurrões" alheios.

23 de fevereiro

Chega um momento em que continuar estudando não é mais uma questão de motivação. É uma questão de honra e sobrevivência. Você não nadou tanto para morrer na praia. Simples assim!

24 de fevereiro

Horas estudadas não garantem nada. Se você bater X mil horas de estudo e não passar, vai reclamar para quem?

Aprovação é proveniente do simples "marcar o X no lugar certo mais vezes do que os concorrentes". Você não passa porque entrega para a banca seu ponto com as horas estudadas.

25 de fevereiro

Estudar não basta. É preciso aprender.

26 de fevereiro

Para que você precisa de cinco cursos da mesma disciplina?
Para ter mais informação? Você leu alguma na íntegra?
Cuidado para não comprar material tentando comprar segurança.
Conforto psicológico custa caro.

27 de fevereiro

Pare de se vitimizar! Ninguém vai ter pena. Sabe por quê?
Porque por mais que esteja em uma fase da vida que te demanda muito empenho, poder estudar é sempre um luxo.

28 de fevereiro

Os pontos só se conectam em retrospecto.
Por isso, é preciso confiar que estarão conectados, no futuro.
É preciso confiar em algo – seu instinto, o destino, o karma.
Não importa. Essa abordagem jamais me decepcionou,
e mudou minha vida.

Steve Jobs, criador da Apple.

Março

01 de março

Nada temo. Confio no fluxo da vida.

Sei que sempre estou exatamente onde deveria estar.
Nunca estou atrasado e nem adiantado.

Nada temo. Sei que estou sempre seguro. Vivo sob a proteção divina.

Meu futuro não me aflige. Sei que viverei todas as experiências mais perfeitas para a minha evolução espiritual no tempo certo.

O meu passado não me angustia. Até os mais doloridos percalços me fizeram o que sou hoje. Eu tenho orgulho de mim.

Sempre estou onde deveria estar. Sempre sou quem deveria ser.
Nem mais. Nem menos. Nem adiantado. Nem atrasado.

Não há fracasso ou vitória. Apenas caminho.

Meus objetivos se concretizam no tempo e na forma perfeitas.
Nada temo.

sankalpa: estou seguro.

02 de março

Sem autoestima a motivação não existe. A lógica nos diz para só investirmos no que vale a pena. A questão é: você acha que vale a pena?

03 de março

Até hoje tem gente achando que "basta estudar as matérias da prova". Não basta! Não seja tão inocente. Sem inteligência emocional não há processo correto de priorização de tarefas, não há gestão do caos, não há tomada de decisão precisa. Sem inteligência emocional não há concentração! Não há boa noite de sono se você não sabe gerir o *stress*! E sem tudo isso não dá para ter alta performance.

04 de março

Uma profecia autorrealizável é um prognóstico que, ao se tornar uma crença, provoca a sua própria concretização. Em outras palavras: você teme estudar e não passar, o medo te faz não dar o melhor de si (ninguém dá o sangue por algo no qual não acredita). Daí você faz tudo mais ou menos e reprova (ps: às vezes, a gente faz tudo certo e reprova também, mas isso é papo para outro momento). Quando se vê reprovado, pensa: "eu sabia que isso iria acontecer! Tá vendo? Não vale a pena! Nunca vou conseguir". Então, você estuda menos ainda, reprova, estuda menos, reprova e desiste. Percebe que seu medo criou a crença e a crença concretizou o medo? Quebre o ciclo!

05 de março

Você prepara tudo por anos para o jogo virar. Sofre. Quer ver o jogo virar um pouco por dia e nada!

Relaxa! É da natureza desse jogo virar de uma vez. Aguente firme e confie.

06 de março

Pare de se justificar. Melhor do que ser admirado é ser LIVRE! "Não estou trabalhando, mas é que eu estudo muito....", "estou à toa agora, mas estudei o dia todo", "eu ainda não passei, mas é que...". Liberte-se! Não tenha vergonha de você e de suas escolhas!!! Não importa o que os outros pensem. Alguém te achar fracassado muda tanto sua vida quanto te acharem um sucesso. MUDA ZERO! Vá ser feliz. Viva conforme o que acredita. Se alguém discorda, o problema não é seu! Não demande selo de aprovação alheia para você ser exatamente como quer ser. Você só tem essa vida para ser você, para ser feliz! E felicidade é indissociável de ser livre.

07 de março

Estudar não é sacrifício. É LUXO!

08 de março

O problema não são as redes sociais.

O problema é VOCÊ que não resiste a se comparar com o outro!

Não consegue evitar? Então pare de olhar. O poder está nas suas mãos. As pessoas não vão mostrar a vida DELAS de modo conveniente para VOCÊ!

09 de março

Vítima não vira jogo. Vítima não tem o poder nas mãos. O poder está sempre na mão do outro!

Ainda quer se colocar como vítima da sua família, do seu emprego, do examinador?

10 de março

A vida ainda vai te dar MILHARES de rasteiras!

Saber reprovar com cabeça erguida e coração tranquilo é uma das coisas MAIS IMPORTANTES que você vai aprender.

Porque a vida é cheinha de reprovações, de todo tipo, das mais variadas fontes. É cheia de dores, decepções e imprevistos. De redirecionamentos de rotas. Mas também de surpresas, alegrias e sucessos. Se você não se joga, nada de ruim acontece. Nem de bom!

11 de março

Treino duro = Jogo fácil! Você está treinando duro o suficiente?

12 de março

Não conecte seu valor como PESSOA apenas à vida profissional. Caso contrário, morrerá um pouco a cada reprovação. O sucesso vai chegar porque você é um ser humano incrível, de valor inestimável, que batalha e acredita. Quer passar logo? Cuide da sua AUTOESTIMA. Ela é o combustível dos seus passos diários. A gente luta pelas causas que merecem nossa atenção. Se você se acha um lixo, como vai lutar por você?

13 de março

Sucesso sem felicidade é fracasso.

14 de março

Concurseiro sagaz é estrategista, não perfeccionista!

15 de março

Você nunca vai chegar ao seu destino se você parar e atirar pedras em cada cão que late.

Winston Churchill, militar estadista e escritor britânico.

16 de março

Você vai sentir mais orgulho por ter aguentado a pressão e tido fé do que pelo cargo em si.

17 de março

Aprenda a dizer NÃO para ter energia para dizer SIM ao que realmente importa. NÃO para os outros = SIM para você (pelo menos na maioria das vezes).

18 de março

MUDAR é rápido. O que demora é convencer-se a mudar!

19 de março

E se você tivesse aplicado todo o capital emocional que você gastou com amizades tóxicas e relacionamentos doentios em VOCÊ (sua saúde, sua aparência, sua vida profissional, seus estudos, sua espiritualidade, seus bons relacionamentos...)? Como sua vida estaria HOJE? Já imaginou? Agora vá lá e mude o que te desagrada. Sempre é tempo.

20 de março

A vida pode ser injusta, mas Deus deu para todo mundo os mesmos dias de 24 horas e a mesma possibilidade de tomar decisões com liberdade para assim moldar a própria vida como bem entender.

21 de março

O mesmo tempo que você leva para criar desculpas você leva para criar soluções.

22 de março

Hoje já é sua segunda chance. Faça valer!

23 de março

Você NUNCA vai se sentir pronto! Isso não quer dizer que não esteja pronto o suficiente.

24 de março

Seu problema não é falta de concentração. É falta de coração tranquilo!

25 de março

Enquanto você tentar resolver procrastinação, desânimo e autossabotagem como questões isoladas, vai continuar dando murro em ponta de faca. Você não tem vários problemas. Tem um só, com várias consequências.

26 de março

Autoajuda é o único tipo de ajuda que pode e deve ser permanente.

27 de março

Fato é que HÁ VAGAS. Pessoas vão ocupá-las! Por que não você?

28 de março

Trabalhe duro e em silêncio. Deixe que seu sucesso faça o barulho.
Dale Carnegie, escritor e orador norte-americano.

29 de março

Não é mau pressentimento. Não é ouvir seu coração. Não é sinal de que está no caminho errado. É só MEDO!

30 de março

É justo almejar resultados acima da média fazendo exatamente o que a média das pessoas faz?

31 de março

Não é a mais forte das espécies que sobrevive, nem a mais inteligente, mas a que melhor responde às mudanças.

Charles Darwin, naturalista britânico e autor da Teoria da Evolução.

Abril

01 de abril

Sei que fiz o meu melhor sempre e que ele é sempre suficiente.

Sou cocriador da minha realidade.

O futuro é construído hoje.

Tranquilamente, aceito as limitações que hoje tenho pois sei que sou capaz de transformá-las e que a transformação passa pela aceitação da existência.

Tenho profundo respeito por quem sou, pelos meus valores e pelos meus limites.

De maneira amorosa e clara, comunico meus limites a quem me rodeia.

Eu respeito e compreendo os limites dos outros.

sanklapa: eu me respeito.

02 de abril

Vontade enorme de mudar de concurso bem perto da sua prova? Parece que descobriu outra vocação do dia para a noite?

Impressionante fenômeno que acontece com muitos alunos. Parece que o anjo da vocação passa na casa de cada um cerca de duas semanas antes do concurso! Salvo raras exceções, isso é uma estratégia do seu psicológico para aliviar a pressão. Chega um nível que você só quer que aquilo tudo acabe. Passar fica em segundo plano. E nada tira mais a pressão do que desistir emocionalmente da prova e oxigenar a vida com um sonho novinho em folha! Você está é ganhando tempo para respirar! Fique de olho que o coração pode ser bem traiçoeiro! O plano parece ótimo até você chegar a 2 semanas da prova do novo sonho e se ver tentado a trocar NOVAMENTE.

Essa paixão súbita por outro cargo tão perto da sua prova provavelmente é você tentando criar um plano B para uma decepção que crê que vai acontecer. Você está se reprovando mentalmente achando que assim vai doer menos quando a banca te reprovar de fato. Não vai! Vai doer do mesmo jeito. Mas o pior é que assim você reduz drasticamente suas chances de passar. Cuidado com a desistência discreta! Ela é mais comum do que pensa.

03 de abril

Não vai dar para ver o edital todo? Calma! Você tem que saber muito. Não tem que saber tudo!

04 de abril

Sinta-se autorresponsável. Nunca culpado! Só VOCÊ tem o poder de deixar sua vida do jeitinho que sonha. Mas se a cada tropeço que der cultivar a culpa, nunca encontrará seu caminho. Ficará sempre preso na estrada do medo, da dúvida, da dor e da ineficiência. Caminhe com leveza e autorresponsabilidade.

05 de abril

"A motivação/sonho me moverá diariamente!" Em MUITOS dias você será movido exclusivamente pela falta de opção melhor. Está ok. Isso também funciona!

06 de abril

Pare de fazer questão de impressionar as pessoas. Que mal tem que algumas pensem que você tomou a decisão errada na vida e que todo o esforço que tem feito é perda de tempo? Se isso não gera perda de pontos no concurso, não tem com o que se preocupar, concorda?

07 de abril

A máxima expressão de poder é o AUTOCONTROLE.

08 de abril

Quem você foi não determina quem você é e quem você será. Negligenciou na escola e na faculdade? Você sempre pode virar o jogo e ser um sucesso nos concursos.

09 de abril

Tornar-se concurseiro demanda coragem e crença no próprio potencial. Quem não tem essa crença, só pode concluir que se você crê em si, tem algo que ela não tem. Por isso, mesmo sem grana, algumas pessoas te invejam. Mesmo que esteja sentindo a autoestima abalada, saiba que ela está aí, mais forte do que pensa. Caso contrário, se realmente não acreditasse ser capaz, não continuaria tentando! Esse "fogo" dentro de você é OURO e, como toda preciosidade, tem gente querendo roubar/te ver sem.

10 de abril

"Poxa, eu não tô vivendo!". Viver é lutar, sofrer, pular de alegria, ganhar, perder, dias felizes, dias tristes, dias entediantes. É viajar, estudar, trabalhar, curtir. Há fases mais legais e outras menos. Mas viver, CREIA EM MIM, você está vivendo!

11 de abril

Você crê que alegria e sucesso são necessariamente seguidos de fracasso e dor. Com pavor do que vem pela frente, você se sabota, estraga o bom andamento das coisas. Afinal, pelo menos assim você "controla" o que de ruim está para acontecer. Você quer continuar preso a esse padrão mental?

12 de abril

Perfeccionismo é o encontro da vaidade com a insegurança.

13 de abril

Quem pergunta "já passou?" sofre mais do que você.

Imagina viver com medo de ouvir "passei!" sabendo que esse dia se aproxima! Não deve ser nada fácil!

14 de abril

Desistir de ser concurseiro é INDISSOCIÁVEL de desistir de ser concursado.

15 de abril

Há um tempo de retenção do conteúdo que não dá para driblar. Seja paciente.

16 de abril

Cansa mais do que estudar:

1 – Crise de desespero por não ter um método de estudo no qual confie de verdade

2 – Alterações constantes do plano e método de estudo que impedem que você saia do lugar

3 – Conversas com você mesmo sobre o quão longe está de passar e sobre o quão "burro" é

4 – Sentimento de culpa em cada segundo de descanso

5 – Autoestima no subsolo do inferno por não ter um emprego ou por não ter alcançado seu conceito de sucesso (dica: coloque um AINDA bem grande nessa frase e mude sua visão)

6 – Ficar dando explicação para os outros de suas decisões (com o objetivo mais de se convencer do que de convencer o outro)

7 – Criação de cenário mental de uma vida infeliz e sem prosperidade por se julgar inferior e incapaz

Se você não fizer algo diariamente para mudar isso, NADA VAI MUDAR! Saiba poupar sua energia vital e investir no que te leva para frente.

17 de abril

Kintsukuroi é uma arte japonesa que consiste na reparação em ouro. Quando um objeto de cerâmica quebra, eles colam os cacos com OURO! O-U-R-O!!!! O objeto fica mais valioso e mais interessante. Único. Afinal, os objetos não quebram da mesma forma, nos mesmos pontos! Ú-N-I-C-O! Você – que está aí se sentindo quebrado, cansado só de pensar em começar a juntar os cacos – PRECISA SABER que está no caminho de se tornar mais valioso, único e interessante. Você está no caminho de se tornar PURO OURO!

18 de abril

Passar costuma demorar meses. Muitas vezes, anos. Você não é burro. Só é normal.

19 de abril

Maltratar-se psicologicamente durante os estudos é como quebrar seu instrumento de trabalho e ficar chocado por não conseguir mais trabalhar!

20 de abril

Grandes mentes discutem ideias; mentes medianas discutem eventos; mentes pequenas discutem pessoas.

Eleanor Roosevelt, ex-primeira-dama dos Estados Unidos, diplomata e ativista social.

21 de abril

Você não entrega banco de horas para o fiscal. Entrega GA-BA-RI-TO! Foque mais na qualidade do seu estudo e no seu percentual de acerto do que no seu cronômetro. Cronograma e até cronômetro são ferramentas de organização, ou seja, não se esgotam em si mesmas. São meios para um fim. E qual fim é esse? Acumular horas? NÃO! É acertar questões na prova!

22 de abril

Estudar é a parte fácil! Com um bom método e um bom material, você arrasa! Ambos são externos.

Difícil é ter controle emocional, calma e leveza para conseguir estudar direito e render na prova o que rende em casa. Isso é interno. Ninguém pode te dar. Você desenvolve.

O que você está fazendo para desenvolver seu controle emocional? Nada? Então não espere que ele aumente sozinho!

23 de abril

Seus avós investiram nos estudos dos seus pais, seus pais investiram em você, você investe/investirá nos seus filhos ou futuros filhos... Seu sucesso NUNCA será egoísta. Ele beneficia, direta ou indiretamente, financeira e/ou emocionalmente, MUITA GENTE. Por isso, não se culpe por focar tanto em um projeto seu. Ele não é só seu.

24 de abril

Sabe aquele papo de que concurseiro dedicado tem que estar desesperado, exausto, triste, em pânico e quase doente para estar realmente "sangue nos olhos" e competitivo?

É MENTIRA!

Cansaço? Ok. Tensão? Ok. Normal. Medo de vez em quando? Faz parte. Tristeza pós-reprovação? Quem nunca? Desespero? Nada ok. Tristeza profunda e prolongada? Nada ok. Adoecer para passar? Além de não ok, nada realista. Não tente parecer e se sentir um sobrevivente de guerra para se provar como esforçado. Encaixe leveza e tranquilidade onde puder! Calma é um superpoder!

25 de abril

Se você não valoriza seu tempo, os outros também não valorizarão. Salba se impor.

26 de abril

A mentalidade errada é o que mais reprova. Disparado. O que você está fazendo para alinhar a sua mentalidade aos seus sonhos?
Você pode ter os sonhos mais lindos, a meta mais bem bolada, apoio, melhores materiais... Mas se você não tem você – integralmente – como aliado, desculpe a sinceridade, você está perdido.
Esforços serão em vão. Ajudas serão infrutíferas. Planos serão fonte de frustração. Quem sofre com a mentalidade errada (fruto de criação ou de traços de personalidade) vai sentir esse recado bater fundo. Que bom! Que sua revolução interna comece agora!

27 de abril

"Quando tudo parecer estar indo contra você, lembre que o avião decola contra o vento, e não a favor dele."

Henry Ford, criador da Ford Motor Company.

28 de abril

Você não precisa de confete. Precisa de coragem!

Coragem de tentar, de dar a cara a bater, de confiar no seu taco, de levantar a cada reprovação, de ir contra os pitacos de um monte de gente, de engolir em seco os medos e fazer o que tem que ser feito.

29 de abril

Pare de colocar o selo de "definitivo" nos seus planos! "Último concurso", "agora ou nunca", "última tentativa". Pare de se oprimir!

Com esse pensamento você só cria pressão, estresse, ansiedade, medo, desespero e LIMITE!!!! Você, basicamente, fecha mil portas!!! Você mata possibilidades!!! E a troco de quê? Por acaso o seu selo de definitivo te garante algo além de uma crise de ansiedade?

30 de abril

Não tenha medo de abrir mão do 'bom' para almejar o ótimo.
John D. Rockefeller, empresário e fundador
da Standard Oil Company.

Maio

01 de maio

Declaro-me em paz com todas as pessoas.

Eu perdoo todos os que já me fizeram mal de alguma forma.

Sei que todos estamos nesse mundo físico para aprender.

Sei que todos – inclusive eu – agem conforme seu grau de evolução espiritual.

Todos ofereceremos o que há dentro de nós.

Eu desejo que os que me fizeram mal alcancem a cada dia sua evolução espiritual.

Que as lembranças ruins se transformem em pura luz na vida de todos com quem me relacionei de alguma maneira.

Peço perdão a quem – consciente ou inconscientemente – já prejudiquei.

Apago de minha memória todas as lembranças ruins.

Elas já cumpriram o seu papel em mim.

Já serviram para minha evolução.

Hoje, as libero e me liberto.

Cancelo meus registros cármicos negativos.

Cancelo toda permissão que dei no passado – consciente ou inconscientemente –para que energias negativas adentrassem meu corpo e espírito.

Sou leve. Vivo em paz.

Assim é.

sanklapa: sou leve.

02 de maio

Se você não tem sonhos ousados e metas para não criar expectativas e evitar decepções futuras, está matando toda e qualquer chance de sucesso. O preço vale a falsa sensação de segurança?

03 de maio

A gestão do seu estudo não pode ser mais complexa e demorada do que o próprio estudo!

04 de maio

Quando a motivação fraqueja, a disciplina assume o controle.

05 de maio

"Fulano estudou menos do que eu e passou". Bom, se isso realmente é verdade, ou Fulano tem uma facilidade acima da sua (o que você não controla) ou estudou MELHOR do que você. De qualquer forma, por que você está se comparando?

06 de maio

A vida pode ser melhor. E já tem um monte de gente curtindo esse melhor. Por que não você?

07 de maio

Desistência é falta de respeito com você!

08 de maio

A matéria está acumulada? Será que o motivo não é a expectativa pouco realista sobre o que é possível fazer em uma semana ou mês? Expectativa excessivamente elevada desmotiva e achata a autoestima. Crie planos possíveis!

09 de maio

Garantia? Não há. Nunca há. Mesmo quando queremos crer que elas existem, elas não existem. Acreditamos para aliviar a alma e isso tem o seu valor. Autoenganação é uma arte que, se bem usada, te leva longe (se mal-usada, te leva pra o buraco). Um breve conselho: foque na CONFIANÇA e não na GARANTIA. A primeira existe. A segunda é lenda.

10 de maio

Ou você está aprendendo, ou está revisando. Se está parado, está esquecendo. Tenha um sistema de revisões planejado e confiável.

11 de maio

Não confunda um dia ruim com uma vida ruim.

12 de maio

Você NÃO É especial! Graças a Deus! O que você sente seu concorrente também sente. Desde a euforia do "acho que vai dar pé" até o medo de "concurso não é para mim".

13 de maio

Não deixe de fazer uma prova porque não gosta da matéria X ou porque quem aplica é a banca Y. Se está dentro do seu foco, FAÇA. Toda prova vai ter algo de que você não vai gostar. SUPERE!

14 de maio

Você não precisa estar motivado para agir. É BOM...,
mas não é NECESSÁRIO.

15 de maio

Sente-se sufocado aquele sem um objetivo de vida.

Fiódor Dostoiévski, escritor russo.

16 de maio

É mais negócio estudar mesmo sem ter a certeza da aprovação do que não estudar e ter certeza da reprovação!

17 de maio

O masoquista sempre convida o sádico. Pare de encher sua vida com gente egoísta e complicada.

18 de maio

As novelas e filmes te enganaram. Você CONTROLA SIM boa parte seus sentimentos. Se não está fazendo isso, deveria!

19 de maio

Perfeccionismo não é a busca da excelência. Perfeccionismo é MEDO!

20 de maio

Você já investiu tempo, dinheiro, emoções. Você já se esforçou! Resista até conseguir sua RECOMPENSA.

21 de maio

Nunca foque tanto em ganhar a vida a ponto de se esquecer de que tem uma vida! Empenho não é o oposto de equilíbrio!

22 de maio

Se você precisa ser constantemente convencido a buscar um objetivo, talvez o objetivo não seja seu. Lutar pelos sonhos deve ser natural.

23 de maio

Ficar se preparando para o sofrimento JÁ É SOFRER!

Você não perde nada sendo otimista.

24 de maio

Você se sente um lixo, um fracasso, sem valor, porque não tem um emprego? Por que ainda não passou? Isso é falta de PERSPECTIVA. Você é MUITO MAIS do que um emprego. Concurso é um grão de areia perto do seu valor como pessoa!

25 de maio

Sempre há tempo de corrigir a rota da nossa vida. 30 não é tarde demais. Nem 40. Nem 50... Você não está atrasado no cronograma da vida porque NÃO HÁ CRONOGRAMA ALGUM A SER CUMPRIDO.

26 de maio

Espíritos grandiosos sempre encontraram oposição violenta de mentes medíocres.

Albert Einstein, físico alemão.

27 de maio

Relação candidato X vaga NÃO CAI NA PROVA e só serve para estressar. Concurseiro profissional não estuda mais ou menos em razão de concorrência. O foco é outro!

28 de maio

Nunca vi um aprovado arrependido de ter estudado.

29 de maio

As mesmas pessoas que te atrapalham a estudar, que te chamam para sair sem parar e que dizem que você estuda demais são as que vão questionar porque raios você ainda não passou! Cuide dos seus interesses!

30 de maio

Tenha filtro! Não permita que qualquer lixo entre em sua mente! Lembre-se: a RESPONSABILIDADE pelo que você internaliza É SUA e de mais ninguém. A gente não controla o mundo e o que as pessoas dizem. Contudo, somos os guardiões dos portões da mente! O que você vai deixar entrar hoje?

31 de maio

Existem dois tipos de pessoa que dirão que você não pode fazer a diferença no mundo: aquelas que têm medo de tentar e aquelas que têm medo de que você realmente consiga.

Ray Goforth, executivo que lidera a equipe técnica da Boeing

Junho

01 de junho

Entendo meu poder de redimensionar meus problemas.

Percebo que eles são pequenos em relação às maravilhas que vejo em minha vida.

Sei que cada percalço me fortalece e me melhora.

Confio no fluxo da vida e no tempo perfeito.

Vivo em harmonia e sincronicidade com o universo.

Tudo está exatamente onde deveria estar.

Tudo é como deveria ser. E essa certeza não diminui em nada meu empenho e garra para alcançar meus objetivos.

Vivo o momento presente com leveza e gratidão.

Tudo conspira para minha evolução espiritual e para a realização dos meus sonhos.

sanklapa: sou poderoso.

02 de junho

Pare de se autorrotular criando assim desculpas perfeitas. Se você se autorrotula como procrastinador, faz parecer que sua ESCOLHA é uma condição. Isso só vai reforçar sua conduta. Afinal de contas, o que os procrastinadores fazem? Procrastinam!

03 de junho

A nossa mente é como nosso corpo: aceita treinamento. E assim como um corpo sarado não simplesmente acontece, uma mente treinada demanda esforço. Treine sua capacidade de concentração.

04 de junho

Quando você tenta estudar para três concursos ao mesmo tempo, ainda que as disciplinas sejam bastante incompatíveis, está agindo baseado em suas emoções e não no que é mais estratégico.

05 de junho

Motivo para desistir/furar cronograma todo mundo tem! Só que tem gente que não usa! Quem você acha que vai passar?

06 de junho

Toda reprovação é multifatorial. Não há uma causa só. Mas tem um só responsável: nós mesmos. Ninguém nos reprova. Só a gente tem esse poder.

07 de junho

Nem sempre a motivação será proveniente de palavras bonitas e bons sentimentos. E tudo bem. Continue caminhando.

08 de junho

Sua aprovação não é sobre você. É sobre todos que vieram antes de você que te permitiram iniciar esse projeto. É sobre todas as pessoas que ama e que ainda vai amar. Sua aprovação impactará muita gente.

09 de junho

Não espere que as pessoas tenham noção!

A vida é sua. Os sonhos são seus. Proteja-os estabelecendo limites.

10 de junho

Concurso pressupõe uma certa dose de desequilíbrio calculado e temporário. O estudo demanda a redução de outras áreas da vida. Isso é normal. Cuide apenas para que esse desequilíbrio não te gere danos maiores do que os ganhos.

11 de junho

Nada garante a aprovação. Contudo, se você persiste na incerteza, desejo sorte aos seus concorrentes. Eles vão precisar!

12 de junho

Há um pedacinho aí dentro, bem no fundo do seu ser, que é indestrutível e inabalável. Mesmo que todo o resto desmorone, esse núcleo nunca tremerá.

13 de junho

Concurso não precisa ser algo militar. Pode ser, se você sentir que isso te ajuda. Mas pode também ter silêncio, meditação e introspecção. Você é quem decide qual cara dar a sua rotina de estudos. Não há certo ou errado. Há o que funciona para você.

14 de junho

Você não vai acordar animado e confiante todos os dias. Você é uma pessoa e não um robô!

15 de junho

Descobri que, quanto mais eu trabalho, mais sorte eu pareço ter.

Thomas Jefferson, ex-presidente dos EUA.

16 de junho

Tenha EXPECTATIVAS REALISTAS! É a discrepância entre a fantasia que criou e a realidade que te desanima.

17 de junho

Não se apavore. A meta é administrar o caos com o coração o mais leve possível até que só sobre organização, tranquilidade e sucesso. Quanto menos se desespera, menos dias de estudo perde surtando/chorando/congelando de medo.

18 de junho

Melhor decisão que já tomei na vida / que me trouxe mais benefícios: estudar para concurso.

Decisão que mais questionei na vida/ pensei em desistir: estudar para concursos.

19 de junho

Você enxerga mais longe conforme caminha! Não dá para conhecer todos os detalhes do trajeto enquanto dá os primeiros passos.

20 de junho

Sim, você vai mudar sua rotina, vai se esforçar muito, será emocionalmente penoso muitas vezes, implicará muitas renúncias, mas tudo dentro de uma NORMALIDADE, de um equilíbrio (na verdade, de um pequeno desequilíbrio calculado e temporário). E pode baixar essa expectativa de que esse "equilíbrio" será perfeito. Sossegue! Será o equilíbrio possível. E ele vai ser uma conquista DIÁRIA.

21 de junho

Você não faz ideia de quem sua persistência pode estar inspirando.

22 de junho

"Só dá para passar quem tem um *Coach*". Honestamente, só dá para passar se você marcar mais X no lugar certo do que seus concorrentes. Essa é a ÚNICA exigência.

Todo o resto VARIA DE PESSOA PARA PESSOA.

23 de junho

Para quem não estuda NADA, todo cronograma é exagero.

24 de junho

RESPEITE seus sonhos e os defenda FEROZMENTE! Ninguém fará isso por você!

25 de junho

Sabe quem tem que se preocupar com a concorrência?

Seus concorrentes!

26 de junho

Ser humano: o que você É.

Concurseiro: como você ESTÁ.

Não perca quem você é no processo.

27 de junho

Para passar: você estuda.

Para cuidar do corpo: você malha.

E para ter saúde mental? O que você faz?

28 de junho

Se estudando direitinho passar não é mole, imagine estudando mais ou menos.

29 de junho

Todo projeto começa invisível! Não é porque sua aprovação ainda não veio, que ela não está sendo formada, gestada! Você só a vê quando atinge 100%, quando o projeto se completa. Hoje ela pode estar 30, 50, 80 ou 99% pronta. Não tem como saber ao certo. Sem a fé no processo e na gestação invisível, você não vai muito longe. Desenvolva isso no seu coração.

30 de junho

O que importa não é o homem que critica ou aquele que aponta como o bravo tropeçou, ou quando o empreendedor poderia ter atingido maior êxito.

Importante, em verdade, é o homem que está na arena, com a face coberta de poeira, suor e sangue; que luta com bravura, erra e, seguidamente, tenta atingir o alvo. É aquele que conhece os grandes entusiasmos, as grandes devoções e se consome numa causa justa. É aquele que, no sucesso, melhor conhece o triunfo final dos grandes feitos e que, se fracassa, pelo menos falha ousadamente, de modo que o seu lugar jamais será entre as almas tímidas, que não conhecem nem a vitória, nem a derrota.

Theodore Roosevelt, ex-presidente dos EUA.

Julho

01 de julho

Sou grato por todas as minhas experiências. Reconheço a bênção em cada acontecimento em minha vida, em cada pessoa que cruza o meu caminho.

Sou grato por poder viver a vida que escolho viver e por poder mudá-la quando sinto necessidade.

Pelos sentidos que me conectam a esse mundo, pela minha visão, meu tato, meu olfato, minha capacidade de sentir o gosto dos alimentos que nutrem o meu corpo e de ouvir os sons desse planeta, eu sou grato.

Por todos os bons sentimentos que recebo e transmito, sou grato.

Sou positivo e alegre, pois reconheço minha capacidade de cocriar minha realidade. Posso perceber os pequenos milagres diários em minha vida.

Pela possibilidade de evoluir espiritualmente nesse plano, com a ajuda divina e com a companhia e ensinamento de todos os que amo, sou profundamente grato.

sankalpa: sou grato.

02 de julho

A autoestima é o terreno fértil onde a disciplina floresce.

03 de julho

Você é o FOGO. *Coach*, professor, família, amigos, cônjuge... são só COMBUSTÍVEIS. Se a vontade não está em você, ninguém vai criá-la em seu coração. Não transfira responsabilidades!

04 de julho

A vontade de desistir da vida de concurseiro te acompanha? Saiba, antes de mais nada, que a SITUAÇÃO MENOS LUCRATIVA PARA VOCÊ É A DÚVIDA. Se você desiste de vez, vai tentar fazer algo diferente da sua vida. Já se você vive na dúvida, no limbo, gasta dinheiro com livros e cursinhos, desgasta seu emocional, abre mão de algumas atividades para poder estudar (apesar de não na medida necessária) – fatalmente – não passará. Quem tem dúvida não consegue estudar direito.

05 de julho

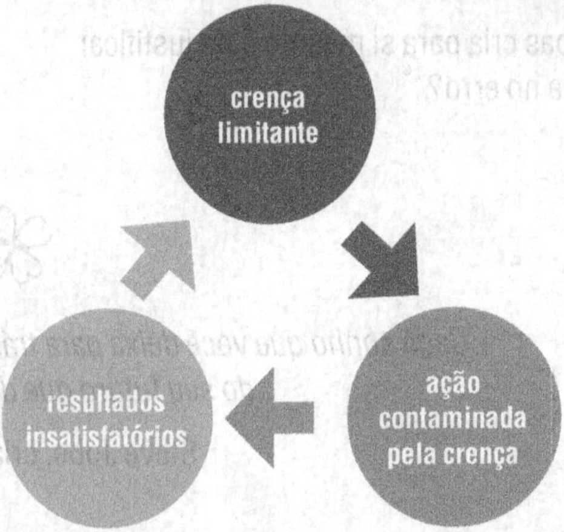

Se você tem crenças limitantes, não tem como sua ação não ser contaminada por elas. E o pior de tudo é que sua crença é constantemente reforçada POR VOCÊ MESMO (por mais que você ache que são as circunstâncias).

06 de julho

Você é o responsável por driblar os percalços e estudar, render, fazer acontecer. Reprovar e ter a quem culpar vai amenizar 0% da sua tristeza! Dê seus pulos. O interesse é seu!

07 de julho

Sobre o tempo: ele está passando!

08 de julho

Quais desculpas cria para si mesmo para justificar a permanência no erro?

09 de julho

Cada sonho que você deixa para trás é um pedaço do seu futuro que deixa de existir.

Steve Jobs, criador da Apple.

10 de julho

Se você é o "estranho no ninho", parabéns! Sinal de que está progredindo! Muita gente estranha quem corre atrás!

11 de julho

Quer facilitar sua vida? Entenda que você EDUCA as pessoas sobre a forma como quer ser tratado. Se alguém se recusar a entender, RECUSE-SE A CONVIVER. Simples assim.

12 de julho

Quantas horas você passou nas redes sociais na última semana? E se essas horas fossem convertidas em estudo ou descanso de verdade? Como você estaria hoje?

13 de julho

O medo de não conseguir cumprir o cronograma TODO te assusta, oprime, paralisa. Como resolver? Não pense por dia. PENSE POR HORA. O que você tem que fazer na próxima uma hora? Minimetas incentivam a ação. Conforme você as cumpre, o medo some e você se fortalece.

14 de julho

Se você não sabe com precisão o montante do esforço que terá que fazer para alcançar algo, não vai se sentir intimidado diante da magnitude da empreitada e ficará mais focado na tarefa do dia (que é o que interessa). Desapegue de tentar calcular o esforço total, o tempo quc vai levar para passar, quantas mil horas serão necessárias. Ainda que fosse possível prever, provavelmente não seria bom saber.

15 de julho

Comece de onde você está. Use o que você tiver. Faça o que você puder.

Arthur Ashe, tenista.

16 de julho

Concurso? Ninguém garante que você vai passar na prova x ou no tempo y.

Iniciativa privada? Ninguém garante que não ficará desempregado.

Empreender? Ninguém garante que não irá à falência.

Conclusão: desapegue de garantias. Elas não existem. Se esperar por elas, nem levantará da cama pela manhã. Acordou? Já está correndo risco (mesmo que não se dê conta). Faça as pazes com o risco e o medo sumirá.

17 de julho

A culpa pode ser dos outros, mas a responsabilidade é sua!

"Se meus parentes não tivessem aparecido (sem avisar), eu teria estudado." "Se a vizinha escutasse música mais baixo, eu teria rendido." "Se meu namorado (a) / marido / esposa fosse mais compreensivo e fácil de lidar, eu já estaria muito mais avançado no estudo!" "Assim não dá! Cada dia é uma treta ou cobrança!" "Se minha família colaborasse, eu teria sucesso."

"Se eu tivesse uma funcionária para me ajudar com as tarefas de casa, TUDO seria diferente!" "Se o povo não ficasse me atentando para sair, eu renderia muito mais!" "Malditos telefonemas e mensagens no zap!" "Se Fulano isso, se Beltrano aquilo." Você pode culpar quem quiser, mas quem vai fazer a prova é VOCÊ. Culpado é quem causa o problema. Responsável é quem tem que resolvê-lo.

18 de julho

Limites autoimpostos são falsos. "Eu não aprendo Contabilidade!", "eu não tenho memória", "não aprendo rápido", "esqueço tudo", "acho que dei o passo maior do que a perna", "sou preguiçoso", "sou burro"... FALSOS LIMITES! Verdadeiras âncoras mentais. Pare de arrastar essas correntes!!! Você não é alma penada!

19 de julho

Pare de ver as quedas como punição ou má sorte e passe a encarar como etapa natural do processo de aprendizagem. Permita-se quebrar! Não tenha medo do que vem depois. O que você tem pela frente é força!

20 de julho

Seu horário de estudo é seu HORÁRIO NOBRE. Trate-o como tal! Deixe para fazer academia, supermercado... quando estiver cansado. Estude no horário em que está MELHOR!

21 de julho

Você nunca sabe que resultados virão da sua ação. Mas, se você não fizer nada, não existirão resultados.

Mahatma Gandhi, ativista indiano.

22 de julho

Nada te prepara para a dor da perda. Pare de tentar! Isso só te coloca em um estado mental de fracasso e pobre de recursos emocionais.

23 de julho

Coragem é a resistência ao medo e não a ausência dele.

Mark Twain, escritor norte-americano.

24 de julho

Você tem um relacionamento ETERNO com você.
Garanta que seja excepcional!

25 de julho

Sabedoria é inteligência sem arrogância.
Quem é humilde aprende mais!

26 de julho

Se você era um aluno nota 10 na escola e na faculdade, era um peixe grande em um aquário pequeno. Nos concursos, você é um peixe médio em um oceano enorme. Destaque vai demandar mais esforço.

27 de julho

Não há nada de errado com você. Seu QI não é abaixo da média. Sua memória não é pior do que a dos outros. Você só precisa deixar sua disciplina "capitalizar" seus estudos ao longo do tempo. Há projetos que podem ser otimizados, mas nunca apressados!

Vamos parar de show. Enxugue essas lágrimas, tire essa expressão de dor do rosto! VOCÊ É ÓTIMO. Só precisa de paciência.

28 de julho

Vergonha é roubar, enganar, maltratar as pessoas. Estudar há anos sem aprovação (AINDA!) não é vergonha! É RESILIÊNCIA! É DETERMINAÇÃO! Você está de PARABÉNS... mesmo que ninguém te diga isso!

29 de julho

A vida é uma só e ela está passando velozmente! Ela está caminhando do jeito que sonha? Vai fazer algo para mudar a rota? O quê? QUANDO?

30 de julho

Qualquer coisa que custe sua saúde mental é cara demais. Mas nem tudo que hoje te abala tanto deveria abalar. Há preços que pagamos que não são cobrados por ninguém e por nada. A gente paga "a mais" sem nem notar. Fique atento.

31 de julho

Aquele que luta com monstros deve acautelar-se para não tornar-se também um monstro. Quando se olha muito tempo para um abismo, o abismo olha para você.

Friedrich Nietzsche, filósofo alemão.

Agosto

01 de agosto

Minha mente transborda confiança e meu espírito transborda paz.

Calo meu ego e suas cobranças pois sei que ele mente.

Sou capaz de transmutar minha carga emocional.

Nenhum trauma ou dor é tão profundo que não possa ser ressignificado.

Apago emoções negativas.

Alimento minha alma com sensações positivas.

Meu diálogo interno é amoroso e encorajador.

A tranquilidade é meu estado permanente.

Sempre me sinto seguro, amado e acolhido.

sanklapa: vivo sempre em paz.

02 de agosto

Aprender as matérias é muito mais fácil do que domar o emocional. Sem o emocional em dia, a caminhada se torna pesada e até impossível. Você trabalha seu emocional? Ele não vai se trabalhar sozinho!

03 de agosto

Ninguém vai te ensinar a ser forte. E se isso fosse possível, você acreditaria só até a primeira dor bater. Logo veria a fortaleza ruir. A força vem da experiência.

04 de agosto

ONTEM você disse que seria HOJE!

05 de agosto

A educação é a arma mais poderosa para mudar o mundo.

Nelson Mandela, ex-presidente da África do Sul e ganhador do Prêmio Nobel da Paz.

06 de agosto

Você está seguindo um plano de vida só para provar para todo mundo que você é capaz? Desista! Isso não é motivo suficiente para dar prosseguimento! Você deveria estar persistindo e insistindo no que incendeia seu coração!

07 de agosto

Estudar para concurso consiste basicamente em administrar o caos todos os dias. Ganha o jogo quem administra melhor!

08 de agosto

Motivação sem ação é autoenganação!

09 de agosto

Pare de classificar as coisas como sofridas. Chame de DESAFIADORAS.

10 de agosto

Aquele apoio que não vem. Aquela compreensão que nunca chega. O abraço consolador que continua mera expectativa. Não é você que não merece. É que cada um só pode dar o que tem.

11 de agosto

A MAIOR riqueza de um ser humano é esse misto de coragem + estou com medo, mas vou assim mesmo + vai ter que dar certo + vou dar TUDO de mim + se der errado, depois eu choro e CONTINUO. É essa garra, essa disposição de dar a cara a bater, de se expor, de se colocar à prova. Se você tem isso, seu potencial é ilimitado. Se não tem, arranje um jeito de desenvolver.

12 de agosto

Se sente que não dá mais, que está perdendo as forças, tenha certeza de que isso é sinal de que você nunca esteve tão perto.

13 de agosto

Vitimismo é tóxico.

14 de agosto

Sacrifício além do necessário não é heroísmo. É má alocação de recursos.

15 de agosto

Sua aprovação pode estar a um ajuste de método de distância.

16 de agosto

Fé é confiar sem ver. Sem essa "habilidade", caminhar não será apenas doloroso. Será impossível!

17 de agosto

Sente que ainda não deu orgulho aos entes queridos porque ainda não passou? Saiba que a gente tem orgulho das pessoas e não do cargo das pessoas. Quem te ama tem orgulho de você!

18 de agosto

Não compare o palco dos outros com os seus bastidores.

19 de agosto

Rotina de estudos é de altos e baixos. Aceite os baixos sem desespero e os altos se tornarão mais frequentes.

20 de agosto

Quando a gente se entende, calar a boca dos criticadores de plantão não é motivação alguma. A boca deles se move, mas você nem ouve. Você não sente raiva. Só há indiferença pelas palavras e compaixão pelas pessoas.

21 de agosto

Bom humor. A forma mais simples de superar os problemas.

Rui Barbosa, escritor brasileiro.

22 de agosto

Não é porque você não consegue ver o propósito de tudo o que está vivendo que esse propósito não existe. Ele está aí e ficará mais do que claro quando o tempo passar e você olhar para trás.

23 de agosto

Poucas habilidades somaram TANTO na minha vida (em várias áreas e de várias formas) quanto aprender a manter calma diante do caos e fazer, uma a uma, as tarefas necessárias para restaurar a ordem. Dia após dia. Isso o concurso me ensinou. Creia: você está aprendendo MUITO MAIS do que matérias.

24 de agosto

O orgulho é um FARDO. Vaidade intelectual é um FARDO. Vai te fazer "bater cabeça" à toa e por tempo indeterminado. Todos temos algo a aprender. E você pode reduzir muito seu tempo de preparação com um pouquinho de humildade para ouvir. Busque ajuda!

25 de agosto

A melhor forma de mudar é mudando!

Você pode fazer um elaborado planejamento e ficar séculos lendo sobre como mudar, mas nada supera ir lá e fazer. Dar o primeiro passo! Tirar o plano do papel!

26 de agosto

Quando seu sonho muda, você deve sim DESISTIR dos sonhos antigos. Deve saber libertar-se! Deixar ir. Não devemos seguir nada cegamente, sem análise periódica para ter certeza de que aquele sonho ainda serve ao propósito da nossa sua alma. A máxima "você nunca pode desistir" ENGESSA e te PRENDE a uma versão de você que já não existe mais. Flexibilidade é um sopro de ar fresco na vida! Mas cuidado para não usar a mudança em você como DESCULPA para desistir de um grande sonho que te mete medo.

27 de agosto

Não é fácil. Também não é impossível! Isso tem que te bastar!

28 de agosto

As pessoas projetam em você o que sentem por si mesmas. Não tem nada a ver com você. Nunca teve!

É mais fácil relevar e não se machucar com palavras alheias quando entendemos isso.

29 de agosto

Vejo muita gente que pensa que para seguir seu propósito de vida (mais conhecido como "fazer o que gosta" ou "usar seu dom/talento") você precisa fazer o que gosta O TEMPO TODO. O nome disso é ILUSÃO! Ter uma rotina de fazer quase o tempo todo o que você adora é um PRIVILÉGIO. Para ser alcançado, você fatalmente vai passar por ETAPAS não tão agradáveis.

30 de agosto

Quem se cobra perfeição fica paralisado e não faz nem o básico.

31 de agosto

Suba o primeiro degrau com fé. Não é necessário que você veja toda a escada. Apenas dê o primeiro passo.

Martin Luther King, ativista norte-americano.

Setembro

01 de setembro

Eu cancelo agora todas as minhas crenças limitantes.
Peço que meu eu superior limpe todos os meus registros cármicos, todas as permissões que eu tenha dado – consciente ou inconscientemente – para que elas permanecessem em minha mente.

Eu cancelo agora todas as minhas crenças limitantes.
Elas não me servem e não me representam mais.

Elevo agora minha vibração neste mundo e abro-me apenas para as melhores energias de esperança, tranquilidade, sucesso, conexão e prosperidade.

Estou limpo.

Sei que a vida é fluida e o que acreditei no passado não se aplica mais ao momento presente.

Eu já evoluí.

Eu abraço as mudanças em minha realidade e mentalidade.
Sejam muito bem-vindas!

Sinto o sopro de ar refresco na minha alma.

Decreto que as novas energias que estou atraindo nesse momento unam-se na criação de novas crenças encorajadoras.

Eu creio que sou inteligente, sábio, belo, tranquilo, seguro, saudável, próspero e feliz.

Comprometo-me a reforçar essas novas crenças diariamente pois elas refletem fielmente quem sou hoje e com elas me identifico.

sankalpa: eu sou inteligente, saudável e próspero.
Tudo dá certo para mim.

02 de setembro

CANSAÇO EMOCIONAL

- Existe. Não é impressão sua!
- Não é frescura.
- Todo mundo sente.
- Costuma nos paralisar.
- Concurso gera esse cansaço.
- Tem com amenizar.

Como? Silêncio, meditação, menos compromissos (desmarque o que der! Obrigações sociais? Ignore as que não quiser comparecer por questões de sobrevivência), mais horas de sono (não perca horas de sono por bobagem), menos *stress* (tire o que for possível, inclusive pessoas), compreensão do que sente, aceitação de que você tem sentimentos a administrar, gestão correta dos sentimentos que DRENAM energia (medo, raiva, inveja...), ter metas que não dependam do concurso! Vê-las florescer é o maior redutor de cansaço emocional que conheço.

03 de setembro

Culpado: quem cometeu o erro.

Responsável: quem vai corrigir o erro.

Qual sentimento cultiva sobre si?

04 de setembro

Embora ninguém possa voltar atrás e fazer um novo começo, qualquer um pode começar agora e fazer um novo fim.

Chico Xavier, um dos expoentes do Espiritismo.

05 de setembro

O mundo te decepciona? Chato.

Você decepciona a si mesmo? Trágico!

06 de setembro

Você estuda como gosta ou como precisa?
Você quer evoluir ou se sentir melhor?

07 de setembro

Não conheço nenhuma pessoa bem-sucedida que não tenha passado alguns (muitos) feriados em casa dedicando-se ao seu sonho.

08 de setembro

Faça o trabalho social de ser um exemplo. Mostre que concurso não é maracutaia ou jogo de cartas marcadas. Você, sem influência política, sem sobrenome conhecido e sem grana, faça-me o favor de passar!

09 de setembro

Eu já:

✓Achei que NUNCA passaria.

✓Achei que tinha o QI abaixo da média.

✓Fiquei com a autoestima em ruínas depois de alguns anos de estudo.

✓Chorei desesperadamente muitas e muitas vezes.

✓Senti uma culpa esmagadora por descansar.

✓Me arrependi de ter "dado o passo maior do que a perna" ao começar a estudar para concurso.

✓Ouvi "já passou? Não??? Como assim? Estuda há anos!"

✓Joguei o nome de TODOS os aprovados no meu cargo no Google e *stalkeei* geral para saber se alguém me passaria na prova de títulos.

✓Furei cronograma.

✓Desmaiei na rua por *stress* e exaustão. Sério. Um senhorzinho me pegou no colo e me colocou no carro da minha mãe.

✓Já fui chamada de arrogante por estudar para concurso e também de "vendida para o sistema" e "futura encostada no Governo"

✓Fiquei um século sem comprar roupas, sapatos...

✓Pensei em desistir. Mil vezes.

✓REPROVEI.

✓Me senti inferior a todos.

✓Invejei verdadeiramente os pedreiros que construíam um prédio ao lado do meu. Eles riam e cantavam. Houve uma época em que não sorri por MUITOS MESES.

✓Pedi RITALINA ao médico. Ele não deu. Eu chorei na sala dele por isso.

✓Fiquei MESES sem conseguir estudar. Só chorando. Mais infeliz do que achei que era possível.

✓Tive transtorno de ansiedade. Até hoje me cuido para não voltar.

✓EU PASSEI, SOU FELIZ DEMAIS E TUDO VALEU A PENA. TUDO SOMOU NA MINHA VIDA. CADA DOR. CADA MEDO. CADA LÁGRIMA. VOCÊ É O PRÓXIMO!

10 de setembro

Às vezes não é falta de esforço ou de estudo.

É falta de TEMPO de estrada.

11 de setembro

Se tem uma chance, por que não você? Se tem uma vaga, por que não você? Quem seria o agraciado então? O que essa pessoa teria de tão especial que você não tem?

12 de setembro

Há ações que demandam justamente repetição e que não geram resultados no curto prazo. Isso não quer dizer que você seja doido por esperar resultados diferentes fazendo todos os dias as mesmas coisas.

13 de setembro

O estudo para concurso é feito em CAMADAS. Não adiante correr desesperadamente! Cada vez que revê um tema está colocando mais uma camada. Para atingir a excelência, MUITAS camadas são necessárias. Tenha PACIÊNCIA.

14 de setembro

Não fique se justificando. Quem te ama não cobra explicação. Quem não te quer bem não vai acreditar mesmo.

15 de setembro

O que nos parece uma provação amarga pode ser uma bênção disfarçada.

Oscar Wilde, escritor irlandês.

16 de setembro

Cada segundo da sua atenção é um investimento, quer você perceba isso conscientemente, quer não.

17 de setembro

O procrastinador é um SOFREDOR. Pior do que atrasar seu cronograma, procrastinar gera tristeza, frustração, sensação de fracasso, autoestima ruim, decepção consigo mesmo.

18 de setembro

Se alguém diz que você COM CERTEZA vai passar porque é superinteligente e esforçado? Suas chances subiram 0%. Selo de aprovação é gostoso, mas não é nada além da OPINIÃO de UMA pessoa sobre você. Só. Agora pensa: se ter o selo de aprovação não faz diferença alguma, como a falta dele pode fazer?

19 de setembro

Seu diálogo interno te condena ou impulsiona. O que você fala para si mesmo?

20 de setembro

Qualquer sonho pode se tornar realidade se você tiver disciplina e trabalhar duro.

Serena Williams, tenista.

21 de setembro

Pessoa, se você está vendo o barco afundando, ARRUME UMA BOIA, PEÇA RESGATE A OUTRO BARCO. FAÇA ALGUMA COISA!!!! Você está parecendo os caras tocando violino enquanto o TITANIC naufragava! Existem livros sobre como estudar, *coaches*, colegas concurseiros mais experientes... APROVEITE. Deus manda para gente não só uma fonte de ajuda! Manda VÁRIAS que é para podermos escolher. ISSO É O MILAGRE QUE VOCÊ ESPERA.

22 de setembro

Você está batalhando por uma vida melhor, mas de onde está É IMPOSSÍVEL saber de antemão TODOS OS DETALHES DA "OBRA PRONTA" E DAS ETAPAS PARA CONCLUÍ-LA! Não dá para ver muito depois da curva sinuosa ou de dentro do buraco em que caiu. Não dá para diferenciar perda de etapa, perda de bênção! PERCEBA que o que hoje você entende como dor e derrota é Deus tirando de você o que inviabiliza a vida nova! Na dúvida, AGRADEÇA!

23 de setembro

Se vai dar certo? Se vai passar? Claro que vai!

Ou você admite algo diferente disso?

24 de setembro

Se algo não importar em 5 anos, não invista nem 5% do seu capital emocional.

25 de setembro

Como ensina algo a seu filho? Com amor e paciência, certo?

Como ensina algo a um cãozinho? Com amor e paciência.

Então porque quando quer ensinar a si um novo hábito ou habilidade, costuma se maltratar, punir e humilhar? Essa lógica está estranha, não?

26 de setembro

SENTIMENTO gera COMPORTAMENTO.

Dedique-se a entender o que sente para conseguir alterar suas ações.

27 de setembro

Até as torres mais altas começaram do chão.

Provérbio Chinês

28 de setembro

Você não é digno de pena. Não importa o seu tempo de estudo. Não importam quantas reprovações viveu. Se você tem oportunidade de lutar pelos seus sonhos, você tem sorte.

29 de setembro

Concurso é um meio (dentre vários) para um fim. Faça do concurso o centro da sua vida e veja como tudo desaba. Você (ser físico, social e espiritual) deve ser sua prioridade. Cansada de ver gente cheia de vida e potencial morrer na praia por causa de carga psicológica. Triste por ver tantos de vocês sofrendo, querendo prosseguir e não conseguindo. Só dá para caminhar com saúde física e mental. Sem isso, nada faz sentido. Nada é possível.

30 de setembro

Jamais considere seus estudos como uma obrigação, mas como uma oportunidade invejável para aprender a conhecer a influência libertadora da beleza do reino do espírito, para seu próprio prazer pessoal e para proveito da comunidade à qual seu futuro trabalho pertencer.

Albert Einstein, físico alemão.

Outubro

01 de outubro

Aceito-me e aprovo-me como sou.

Eu me amo.

Aceito as pessoas como elas são.

Eu as amo e as compreendo.

Cuido de mim, física, mental e espiritualmente.

Assim, sou capaz de cuidar dos outros.

Espalho luz e tranquilidade.

Recebo luz e tranquilidade em meus relacionamentos.

Não cometo violência física ou emocional – nem contra mim e nem contra os outros.

Tudo o que vejo no outro existe em mim.

Sou consciente das minhas projeções. Por elas, sou autorresponsável.

Exalo e recebo compaixão.

Assim, atraio o bem para minha vida.

sanklapa: eu me amo. Sou luz.

02 de outubro

Uma prova é uma OPORTUNIDADE. Não é um RISCO.

Você não sairá dela com menos do que entrou, mesmo que o resultado seja insatisfatório.

03 de outubro

Já vi muito aluno esforçado e mais tranquilo chegar mais longe do que aquele aluno inicialmente excepcional (e cheio de potencial) que se cobra demais e "pifa" ou desiste por não conseguir fazer tudo perfeito. A corrida é de longa distância. Seja bom com você... Ou não vai aguentar passar pelo deserto.

04 de outubro

Pode ser que seu medo e ansiedade tenham motivo SIM! Se você vive mergulhado no caos, fica beeeeem difícil ser calmo (a) e otimista. A solução não é só tentar ser menos ansioso (a). É tentar reduzir o caos.

05 de outubro

"Não terei um relacionamento amoroso enquanto eu não passar!". Uai?! É prova para o convento, por acaso? Vá ser feliz! Pare de se esconder atrás do concurso! Adiar a felicidade é SEMPRE um mal negócio. Se não QUER, ok. Mas se quer e está se escondendo por não se achar digno, não ter "nada a oferecer no momento" ou justificativas do gênero, só digo: pare de se boicotar. Você não estuda 24 horas por dia, 7 dias na semana! Ser feliz não reprova.

06 de outubro

A verdadeira batalha começa depois da posse. A gente precisa melhorar o Brasil e é uma HONRA poder fazer isso de dentro das suas engrenagens! Lute por essa oportunidade.

07 de outubro

O seu melhor é SIM suficiente! E ele não é estático. A cada dia o seu melhor é MELHOR.

08 de outubro

Não é questão de ser intenso. Muitas vezes, é só falta de controle emocional mesmo.

09 de outubro

Tenha pequenas metas pessoais para te ajudar a lembrar de que você é uma PESSOA antes de ser concurseiro.

10 de outubro

Entre ser reativo (extremo 1) e abafar o que sente (extremo 2), há o caminho do meio que a meditação nos ensina: observação do sentimento sem reatividade culminando na percepção de que você não é o que sente. Seja mero observador, não julgador.

11 de outubro

Autoajuda é o tipo mais confiável de ajuda. Torne-se alguém com quem pode contar.

12 de outubro

Ninguém deve ter que te motivar a estudar quando o interesse no resultado é todo SEU! Lembre-se: Inspiração é externa! Motivação é interna!

13 de outubro

Reduzir sua entrega ou empenho para se proteger emocionalmente só pavimenta o caminho do fracasso.

14 de outubro

Quanto do seu cansaço é autopiedade disfarçada ou puro desânimo?

15 de outubro

Se você está atravessando um inferno, continue atravessando.

Winston Churchill, militar estadista e escritor britânico.

16 de outubro

Desistir também dói. Lembre-se disso.

17 de outubro

Quanto mais arriscar, mais vai falhar. E mais vai acertar também. Relaxa que do chão você não passa! Permita-se explorar quem é assumindo riscos.

18 de outubro

Você não TEM que estudar. Você PODE estudar. Há um mundo de diferença!

19 de outubro

Você é movido pelo medo? Não estuda porque tem medo de se esforçar e fracassar. Fica em relacionamento amoroso tóxico por medo da solidão. Não começa relacionamento por medo de sofrer. Não fala das suas dores com medo de parecer vulnerável. Não divide alegrias com medo da inveja. Não é 100% você com medo das críticas. Não sai da zona de conforto com medo de se expor. Isso não é uma vida! É uma prisão onde você é o prisioneiro e o carcereiro.

20 de outubro

Eleve-se! Todo dia. Toda hora. Repare quanto tempo você passa se elogiando e quanto tempo passa fazendo pouco caso de si mesmo! Isso parece que vai dar certo? Que vai te levar para frente?

21 de outubro

90% dos nossos medos são infundados.

22 de outubro

A melhor hora de retomar os estudos foi ONTEM. A segunda melhor é AGORA.

23 de outubro

Disciplina é liberdade!

24 de outubro

Concurso não é um frio projeto financeiro. É um caloroso e agregador projeto de vida!

Pensar assim faz com que o projeto tenha SENTIDO!

Quando estamos exauridos e frustrados, temos que ser capazes de enxergar PROPÓSITO para continuar. Se você só enxerga um projeto financeiro, grandes são as chances de desistir. O investimento físico, mental, emocional, de tempo e financeiro só vale a pena se você é capaz de perceber os inúmeros ganhos físicos, mentais, emocionais, de tempo e – claro – financeiros que uma aprovação (e toda a caminhada até lá) gera na sua vida. É muito mais do que passar. Muito mais.

25 de outubro

Sabe esse seu desânimo? É dele que você deve ter medo. É ele que corrói sonhos, abate a alma e sabota metas. Não é a banca. Não é o examinador. É você quem ferra com sua vida.

26 de outubro

Tenha expectativas REALISTAS. Um plano mirabolante nunca colocado em prática não vale de nada.

27 de outubro

Não espere que as pessoas entendam um processo que nunca viveram.

28 de outubro

30 minutos esperando sua consulta médica. 40 minutos esperando o busão. 15 minutos finais do cronograma da matéria que você terminou a teoria e não sabe se vale a pena começar as questões e parar no meio (*spoiler*: VALE!). 20 minutos aqui. 10 minutos ali. Parece pouco. Parece que não vale a pena. MAS VALE! Eu carregava material de estudo para tudo quanto é canto! Estudava em qualquer lugar. Gente, dá para ter ganho de conteúdo em 5 minutos! Imagina o efeito cumulativo desses fragmentos de estudo ao longo de 1 ano! É IMENSO! Faz uma diferença BRUTAL. Não desperdice NADA. Jogar tempo no lixo é jogar fragmentos da sua vida no lixo.

29 de outubro

Eu errei mais de 9.000 arremessos em minha carreira. Perdi quase 300 jogos. Por 26 vezes fui encarregado de arremessar a bola do jogo e errei. Eu falhei uma e outra e outra vez em minha vida e é por isso que eu consegui.

Michael Jordan, jogador de basquete norte-americano.

30 de outubro

Preguiça é o sinal mais claro de descaso com si mesmo.

31 de outubro

No fim tudo dá certo, e se não deu certo é porque ainda não chegou ao fim.

Fernando Sabino, escritor brasileiro.

Novembro

01 de novembro

Meus talentos e capacidades vêm da abundância do universo.

Reconheço meu potencial infinito.

Sei que ele nasce de uma fonte inesgotável que está sempre à minha disposição.

Sou próspero em todas as áreas de minha vida.

Sou feliz. Sou amado. Sou saudável. Sou capaz.

Minha vida profissional me proporciona abundância financeira.

Sinto gratidão por tudo o que tenho e esse sentimento multiplica meus recursos e potenciais.

Sou merecedor de tudo o que tenho e de tudo o que almejo.

Sei que tudo vem no tempo certo e na medida perfeita.

Tudo conspira para meu sucesso e realização.

Minha prosperidade apenas reflete a prosperidade do universo. Com ele, sou uno.

Desejo prosperidade para mim e para todos os seres.

Que saibamos usar toda a abundância do universo para o bem.

sanklapa: sou abundante. Sou próspero.

02 de novembro

Já sentiu medo só de imaginar tudo dando certo? O medo não é de sonhar, mas sim de se decepcionar. Reduzindo o sonho... adivinha... o medo vai embora. A sensação de conforto bate. "Não crie expectativa" vira então seu mantra. Sonhos geram expectativas. Expectativas geram decepções. Logo, sonhos geram decepções. É esse seu modelo mental? Onde você espera chegar carregando esse fardo dentro da cabeça?

03 de novembro

Lembre-se todos os dias do que te trouxe até aqui. Por que decidiu estudar para concurso?

04 de novembro

Seja lá qual for a característica que queira mudar, DÁ PARA MUDAR.

Seja lá qual for a característica que queira mudar, DÁ TRABALHO MUDAR.

E se você leu "dá trabalho" e já sentiu o desânimo bater, aviso que TRABALHO é uma palavra que precisa ressignificar. Você pode associá-la com:

- OPORTUNIDADE
- CONTROLE SOBRE SEU PRÓPRIO CAMINHO
- MEIO PARA O FIM
- LIBERDADE DE TRAÇAR A PRÓPRIA VIDA

Trabalho, assim como estudo, pode gerar dor, desânimo e sacrifício. Mas também pode acender o fogo da alma, a certeza da vitória, a sensação de capacidade, orgulho e poder. Tudo depende de como você vê o mundo.

05 de novembro

Descansar não é indigno! É estratégia, é autoconhecimento, é sangue frio! Saber descansar e se desligar é uma ARTE e demanda muita DISCIPLINA. Conseguir tirar algo grande da cabeça não é para qualquer um! E como toda atividade difícil, demanda treino! Aprenda a descansar. Permita-se descansar. Confie na sua capacidade de discernir necessidade de descanso de preguiça/autossabotagem.

06 de novembro

Cuidado com o que fala, pensa, decide (para si e para os outros). Uma mínima ação, um pensamento, uma palavra, colocam um MUNDO EM MOVIMENTO.
O que você está reverberando?

07 de novembro

Do que você tem medo? De falhar? VOCÊ VAI FALHAR. Todo mundo vai. Muitas e muitas vezes. Não dá para ter sucesso sem percorrer essa parte do trajeto.

08 de novembro

Se você aprende a conviver com a incerteza e ela não mais baliza suas decisões, você será mais você do que nunca. Você na sua essência. Não você com o filtro da insegurança. Não quer se conhecer assim?

09 de novembro

Eu pensei em desistir MILHÕES de vezes. Não porque não queria mais passar, mas porque achei MUITAS VEZES que havia dado o passo maior do que a perna e que não tinha inteligência nem psicológico para fazer o sonho dar certo. Minha dica? Encare esses sentimentos com SERENIDADE. Eles são NORMAIS e não um sinal de que deve mesmo chutar o balde. Só desista se realmente não quiser mais ser servidor, se o sonho deixar de ser sonho. Mas por medo? Não. Por se julgar incapaz? Não. Porque hoje você pode estar no fundo do poço, mas NADA derruba a PERSISTÊNCIA. Isso o concurso me ensinou direitinho. Logo verá o jogo mudar.... Porque o mundo (para os esforçados e corajosos) não gira. Ele CAPOTA!

10 de novembro

Não parece, mas é só uma fase. E toda fase passa.

11 de novembro

A vida é 10% do que acontece comigo e 90% de como eu reajo a isso.

Charles Swindoll, pastor, radialista e autor norte-americano.

12 de novembro

O problema não é ter expectativa. O problema é colocá-la nos outros. Coloque em você.

13 de novembro

OCUPADO não é sinônimo de EFICIENTE. Saiba alocar com inteligência seu capital emocional. VAI DAR TUDO CERTO! Você vai dar um jeito de garantir isso!

14 de novembro

Não admita! Não abaixe a cabeça! Não se conforme com menos!

VOCÊ NÃO PRECISA DISSO! Dias de luta para dias de glória!

15 de novembro

Ninguém pode fazer você se sentir inferior sem o seu consentimento.

Eleanor Roosevelt, ex-primeira-dama dos EUA.

16 de novembro

Você não controla a boca (nem o pensamento) alheio. Algumas pessoas podem te achar o máximo e outras podem te achar um zero à esquerda. Nenhuma das opiniões acima muda em nada a sua vida.

17 de novembro

A vida não vai parar para você estudar. Você vai ter que aprender a se organizar.

18 de novembro

O fracasso e o sucesso são muito mais determinados pela PERSONALIDADE do que por inteligência ou bagagem de estudos. TUDO se resume a como você interpreta sua realidade.

19 de novembro

A tentação de desistir será um pouco maior antes de você estar prestes a conseguir.

Provérbio Chinês

20 de novembro

Você acha que Deus te colocou nessa Terra só para ser profissional?

Só para fazer prova? Deus soprou vida em você para passar em concurso? Percebe o absurdo? Antes de ser concurseiro, você é uma pessoa. Cuide do seu coração!

21 de novembro

Quando não conseguir fazer nada, pelo menos DESCANSE!

22 de novembro

Furos com boas justificativas ajudam sua consciência. Contudo, não trazem resultado. Mude seu estilo de vida para poder evitá-los ao máximo.

23 de novembro

Não são os estudos que estão tirando sua saúde mental. É VOCÊ!

× Não é a dificuldade em aprender Raciocínio Lógico que tira sua saúde mental.

✓ É pensar "sou uma anta mesmo!" toda vez que erra uma questão.

× Não é decorar a 8666 que tira sua fé.

✓ É pensar "nunca vai dar certo" cada vez que tenta decorar os casos de dispensa e inexigibilidade.

× Não é ter uma dificuldade imensa de diferenciar AFO de mandarim.

✓ É pensar que só você, no mundo todinho, tem essa dificuldade.

× Tampouco é pegar Administração para estudar e perceber, nas questões, que a matéria é bem mais sinistra do que pareceu na teoria.

✓ É não se permitir aprender com os erros e nutrir a expectativa irreal de que você vai matar um volume absurdo de matéria, sem nenhuma intercorrência, dúvida... em um dia.

✓ É achar que fracasso é permanente.

✓ É entender reprovação como ofensa pessoal.

✓ É atrelar seu valor como pessoa a um cargo público.

✓ É achar que deve sempre impressionar os outros.

✓ É a vaidade de não admitir que a vida não é só sucesso. É também decepção e luta.

✓ É o medo de mudar de técnicas (ou mudar toda hora por insegurança).

✓ É a resistência em quebrar velhos hábitos, em mudar de opinião.

✓ É o medo de investir quando não há certezas.

✓ É o seu perfeccionismo.

✓ É a sua inflexibilidade.

Quem rouba sua sanidade mental é a única pessoa que tem tanto poder assim: VOCÊ!

24 de novembro

Por que cisma de estudar o edital TODO sabendo que não terá tempo de fazer uma revisão sequer? Não é melhor cortar os capítulos que caem menos para sobrar tempo para revisar e memorizar lei seca, por exemplo? Você prefere não pensar nisso e cria uma confortável armadilha para acabar tendo que fazer o que quer (não o que deve): segue estudando e quando chega a prova... ops... "não deu tempo de revisar". O nome disso é autossabotagem!

25 de novembro

Há momentos em que é melhor mesmo que tudo desmorone. A vida dos seus sonhos pode não ser nada parecida com a vida atual. Já parou para pensar nisso?

E você aí chorando e se debatendo! Tem coisas que a gente não solta fácil, que precisam ser arrancadas das nossas vidas na marra. Sentimentos, pessoas, hábitos, planos. Deixe ir com serenidade.

26 de novembro

Suas necessidades e nível de resistência não precisam ser iguais aos de ninguém.

27 de novembro

Quem não tem medo não tem limite! "Pronto o suficiente", lembra? E quem decide quando é suficiente? A BANCA! Não é você! Vá fazer aquela prova que te aterroriza. O pior que pode acontecer é você reprovar. Daí, tudo permanece como está. O mundo não vai acabar.

28 de novembro

Tenha real controle sobre você e suas decisões para ver a sonhada melhora na sua performance.

29 de novembro

Queira TUDO para TER TUDO! Se você acha que para ser um profissional de sucesso não pode ter vida social, não terá. Se acha que para passar em concurso não pode ter lazer e um relacionamento amoroso feliz, não terá. Querer é sempre o primeiro passo!

30 de novembro

Não é verdade que as pessoas param de perseguir os sonhos porque elas envelhecem, elas envelhecem porque param de perseguir sonhos.

Gabriel García Márquez,
escritor espanhol vencedor do Nobel em Literatura.

Dezembro

01 de dezembro

Silencio minha mente e deixo meu espírito, muito mais sábio, agir e me guiar.

Convido minha mente para atentar ao momento presente.

Amorosamente, ensino minha mente a se aquietar.

Pacientemente, redireciono meu foco cada vez que ele vagueia.

Controlo a minha respiração. Sei que ela é o caminho para controlar meus pensamentos.

Minha mente é um lago tranquilo.

Não é mais torrente. Não é mais cachoeira.

Penso e faço uma coisa de cada vez. Assim, aprecio o caminho e cada atividade do meu dia.

Sempre presente.

Sempre tranquilo.

Tenho em mim o poder da transformação e o uso sempre que preciso.

Sou grato por ser capaz de mudar o que preciso para ser ainda mais feliz.

Sou calmo e sereno. A ansiedade não me domina mais.

Vivo em plenitude e paz.

Sempre presente.

Sempre tranquilo.

sanklapa: estou sempre presente e sempre tranquilo.

02 de dezembro

Diálogo interno ruim aumenta a distância entre você e a sua vaga.

03 de dezembro

Você pode passar por isso com muito sofrimento ou com muita serenidade. De qual jeito você prefere?

04 de dezembro

"E se não der tempo?"

Prepare-se para uma notícia incrível: SE NÃO DER TEMPO, NÃO DEU! A prova que te aterroriza não é a última prova do Brasil.

Tá... eu sei que você quer MUITO passar. Eu também quero MUITO que você passe. Mas não precisa do PAVOR. Conselho de uma ex-apavorada-enlouquecida – o mundo tá acabando – Deus, me salva: crie um plano, estude certinho, com metas, da melhor forma que puder.

"Ah... Mas só vai dar para ver metade do edital!!!". Ok. Sabia que você pode fazer a prova sem ter estudado nada? SIM! Se você for lá sem saber nada, NINGUÉM VAI TE APONTAR. Se você reprovar miseravelmente, ninguém vai morrer por isso. O que estou tentando te dar aqui é perspectiva. Organize seus estudos. Acalme-se. Na pior das hipóteses, você vai sair mais experiente dessa. Repare que você tem zero coisas a perder. Você já não é servidor mesmo! Sua vida não vai piorar se você não passar nessa prova.

05 de dezembro

A única garantia que você tem é VOCÊ!
Por isso, esse é o único investimento com RETORNO CERTO!
Como investirá em si mesmo intelectual, emocional e fisicamente hoje?
Você pode se valorizar ou depreciar, tal qual um investimento. Assim como o dinheiro não fica parado conforme o tempo corre (aumenta ou reduz), você cresce ou regride. Qual vai ser?

06 de dezembro

O sentimento ruim pode vir (e vem), mas quando você aprende um pouco sobre si, passa a ter CONFIANÇA (mesmo sem garantias). A confiança tem um jeito todo especial de sufocar os pensamentos negativos e os "e se..." que nos enlouquecem. A CONFIANÇA não aniquila o medo, mas o rebaixa da posição de protagonista para a de coadjuvante. Isso é estar PRONTO. ISSO É SER FORTE. É conviver com o medo e com a dor. É ser leve apesar de.

07 de dezembro

Se a colheita é estritamente do que plantou, tem certeza de que quer mesmo colher agora?

08 de dezembro

Será que é só a aprovação no concurso que te falta? Será que o peso que sente no coração não é falta de aprovação interna de quem você é e das decisões que você toma?

Se espera passar para ser feliz, saiba que será um aprovado infeliz. Pode não parecer, mas o concurso não traz felicidade, traz algumas FACILIDADES. Quem traz a felicidade é VOCÊ!

09 de dezembro

Na adversidade, uns desistem enquanto outros batem recordes.
Ayrton Sena, piloto brasileiro de Fórmula 1.

10 de dezembro

A dor é temporária. Desistir dura para sempre.

Lance Armstrong, ciclista americano.

11 de dezembro

O que te reprova não é pouca inteligência ou memória ruim.

O que te reprova é esse medo aterrador, é a certeza íntima da derrota, o pessimismo, o vitimismo e essa ideia maluca de que o mundo te deve algo. É essa cabeça dura que insiste em manter velhos hábitos que não cabem na nova vida.

12 de dezembro

Enquanto você achar que é um ser puramente racional, vai continuar tomando rasteiras HOMÉRICAS do seu emocional. Siiiim, ele está aí na mente quer você queira ou não. E ele está aí para CAUSAR. Você não vai nem se dar conta do que está te fazendo furar cronograma e não reter o que lê. Não vai nunca superar os brancos na prova ou aqueles erros que comete no dia D que te fazem pensar que só podia estar drogado na hora para marcar uma assertiva tão sem noção. Sem trabalho emocional, você não tem nem metade dos seus recursos mentais. Sabe por quê? Porque a sua metade racional não funciona em paz. Ela funciona com a constante interferência da metade emocional. E você sabe tanto quanto eu que a sua metade emocional pode ser bastante barulhenta. Seu emocional pode te levar looooonge e te gerar uma felicidade enorme. Mas você PRECISA parar de sufocar os sentimentos e passar a trabalhá-los, ok?

13 de dezembro

Algo só é impossível até alguém fazer! Nos esportes, é só alguém bater um recorde que ninguém bate há anos para todo mundo começar a bater também. TUDO é uma questão de ACREDITAR SER POSSÍVEL!

14 de dezembro

Não aceite "crítica construtiva" de quem nunca construiu nada.

"Construir" pode ser em várias frentes. Não só a profissional. Mas olhos bem abertos com o povo da "crítica construtiva" e do "é só minha opinião". Não raro isso é código para "seu esforço ou sucesso me incomoda. Vou tentar apagar sua luz para ver se você empata com minha escuridão".

15 de dezembro

Se não puder voar, corra. Se não puder correr, ande. Se não puder andar, rasteje, mas continue em frente de qualquer jeito.

Martin Luther King, ativista norte-americano.

16 de dezembro

Excesso de planejamento só serve para aliviar a consciência pesada pela falta de execução.

17 de dezembro

"A gente aprende com a dor."

A gente aprende sem dor também, viu? Pare de conectar aprendizado e sofrimento.

18 de dezembro

Depois de anos de estudo e MUITO sacrifício pessoal, eu REPROVEI😔. Nem vou falar da dor do resultado💔. Vou falar da amargura que ficou em mim por meses. Cheguei a achar que NUNCA MAIS voltaria ao normal. Era uma apatia misturada com total descrença e generosas pitadas de RAIVA de todos os professores e cursinhos (na época, não existia *coach*). Eu me sentia traída. Enganada. Sentia que aqueles professores que eu admirava mentiram para mim. Esforço não bastava. Nem toda força de vontade do mundo era suficiente e SIM, ELES ERAM ESPECIAIS E ABENÇOADOS com uma inteligência superior. JAMAIS saberiam o que eu, pessoa normal de inteligência mediana, passava.
Pensei muito que eram ou maldosos por vender sonhos a quem não pode tê-los ou eram irresponsáveis por fazer as pessoas acreditaram no impossível em momentos de desespero e vulnerabilidade.
Raiva. Tristeza. Sensação de fracasso. DOR. Vergonha. MEDO. Apatia. Descrença. Mais vergonha, mais raiva, mais medo. Meses depois desse calvário, estava lá meu nome na droga do Diário.
Eu desejo do fundo do meu coração que vocês sintam o que senti naquele dia. Por hora, saibam que o túnel também tem luz no final para os que caminham há anos no escuro.

19 de dezembro

Não conseguimos resolver um problema com base no mesmo raciocínio usado para criá-lo.

Albert Einstein, físico alemão.

20 de dezembro

O Homem aprendeu a escrever os defeitos no bronze e as virtudes na água.

Beethoven, compositor alemão.

21 de dezembro

Se você quer uma qualidade, atue como se você já a tivesse.

William James, filósofo e psicólogo americano.

22 de dezembro

Veja as estatísticas. Reprovar é a regra. Passar é que é a exceção. REPROVOU? Relaxa. Você é normalíssimo. Tem nada de tragédia aí não. Mera etapa, lembra?

23 de dezembro

Não espere a motivação para começar! A real motivação é construída conforme você caminha! O resto é "fogo de palha".

24 de dezembro

E se todas as situações que atrapalharam seu estudo até agora continuarem acontecendo? Você vai desistir ou vai dar um jeito?

Spoiler 1: elas VÃO continuar acontecendo e, se pararem, coisas novas acontecerão para te atrapalhar.

Spoiler 2: quem não estuda direito por bons motivos REPROVA do mesmo jeito que quem não estudou por motivos bobos.

25 de dezembro

Nós somos aquilo que fazemos repetidamente. A excelência, então, não é um ato, mas um hábito.

Aristóteles, filósofo grego.

26 de dezembro

Tentar se acalmar apenas na semana da prova é como querer passar estudando só depois do edital. Não tem mágica. Inteligência emocional é um processo. Não surge do dia para a noite. Quando você vai começar o seu processo? Quais ferramentas vai usar? Quanto tempo vai dedicar? Como você vai implementar no seu cotidiano para treinar? Essas são perguntas para as quais você precisa URGENTE de respostas.

27 de dezembro

Não tenha medo de falhar. Se tudo correr bem, você vai falhar mil vezes na vida. E isso é um bom sinal. Quem não tenta, não falha.

28 de dezembro

Não transfira para Deus uma responsabilidade a que Ele te confiou!

29 de dezembro

Foi VOCÊ quem ESCOLHEU esse caminho.

30 de dezembro

Quanto melhor o prêmio, maior o preço.

31 de dezembro

Nunca é tarde demais para ser o que você poderia ter sido.

George Eliot, romancista britânica.